JN001605

CCoE
ベストプラクティス

DX を成功に導く

クラウド
活用推進ガイド

Cloud
Center
of
Excellence

著

黒須義一
酒井真弓
遠山陽介
伊藤利樹
饒村吉晴

日経BP

はじめに
── DXからクラウドに、そしてCCoEへ
日本でも広まり始めたCCoE

この本は、DXの実現に向けて、**CCoE（クラウド・センター・オブ・エクセレンス＝クラウド活用推進組織）を立ち上げて運用するために必要な情報を提供します**。ただ、CCoEという言葉になじみのない読者も多いでしょう。そこで最初に、DXの目的とクラウドの関係を俯瞰しながら、CCoEが特にクラウド先進国で注目を集める理由をご説明します。

起点はDX、終点はDXの達成

国内外の企業が展開するビジネス活動において、DX（デジタルトランスフォーメーション）というキーワードが、あらゆるシーンで頻出しています。猫も杓子もDX、といっても過言ではない状況です。コロナ禍により、DXの必要性はますます叫ばれ、経営戦略はもとより自社従業員の働き方やスキルアップにまで、その検討範囲も広がるばかりです。

では、DXを実現するために、何から着手すればよいのでしょうか？

おそらく、この本を手にとっていただいた読者の方々は、自らが手を挙げてDX担当になった人だったり、上司から任命された人、逆に任命する側のマネジメント層だったりなど、多岐にわたると思います。

筆者は、DXの検討段階の早い時期に、次の2点が必要だと考えて

3

います。

① DXとは自社にとって何か、を理解すること
② ①の「自社にとってのDX」を実現するための要件は何か、を理解すること

　企業規模が大きくなればなるほど、これら2点に関して整理すべき項目は多くなりますし、煩雑な作業も伴います。この検討に時間をかければかけるほど、DXで本来目的とするべき競合優位性の確保や強化どころか、優位性が次第に失われていく、という本末転倒なことになりかねません。そんな不安に日々悩まれているDX担当者も多いことでしょう。

DXの基盤としてのクラウド

　DXとは、自社の競争優位性をデジタルテクノロジーを活用して確立していくことです。本書の第1部第1章（1-1）で詳しく説明するように、DXの基盤となるテクノロジーはクラウドがスタート地点であることがわかります（1-1の図1参照）。1-3の冒頭で説明しているように、そもそも**クラウドとは、リソースやサービスをネットワーク経由で利用する形態**を指します。コンピューティングリソースをネットワーク経由で提供するクラウドコンピューティングをはじめ、ITサービスをネットワークで提供するクラウドサービスとして、インフラ系、ストレージ系、コミュニケーション系、そしてアプリケーション系からソーシャルメディア系までも含まれます。

　スマートフォンやモバイルデバイスの普及により、いつでも、どこからでも、ネットワークにつないでITサービスを利用できるデジタル社会が急速に進んでいます。このデジタル化の進展とITサー

ビスの多様化により、そこから生成される大規模なデータを効率的に収集し、分析し、活用する必要が出てきました。そして、個別のシステムで管理していたデータを、ネットワーク経由で1カ所に管理するサービス（クラウドサービス）が登場してきました。

このクラウドがもたらすデータとデジタル技術の活用により、コンシューマライゼーション（消費者主導型IT）が発生しています。従来の企業における「即時性と利便性が低く画一的なサービス」に代わって「即時性と利便性が高くエンドユーザーに焦点を合わせたサービス」が拡大し、各業界に大きなインパクトを与えています。

日本では、米国や中国のようなプラットフォーマーが存在しないこともあり、クラウドの普及は遅れがちでした。それでも、特に2011年3月11日の東日本大震災を大きな転換期として、次第に普及が加速しています。地震発生の数時間後に災害対応のサービスがクラウドによって立ち上がり、数日後には多数の被災者向けの義援金募集、救援支援、情報提供などのサービスがクラウドによって本格始動していきました。これらを可能にした**クラウドのスピード、スケーラビリティ、コスト**などのメリットが一部の人に認識され、先進的な企業でのクラウドの普及につながっていきました。最近では、**ビジネスのアジリティ（機敏性）を高め、同時にビジネスの変革を実現するためにクラウドを活用する**企業が増加しているのです。

クラウド活用の切り札となるCCoE

クラウド活用と一言でいっても、その道のりは平坦ではないことはすでにご存知かもしれません。いざ取り組もうとすると、本書で詳しく説明するように、さまざまな障壁（縦割り組織、抵抗勢力、人材不足、ゴール設定……）にぶつかります。そうした障壁を乗り**越えて先に進むために必要な組織・機能として、特にクラウド先進**

国で注目を集めているのがCCoEです。本書第2部で具体的に紹介するように、**日本においてもCCoEを組織してクラウド活用を広めている企業が増えています。**

CCoEとは、Cloud Center of Excellenceの略で、その意味は「中央集権型の独立したクラウド特化型部門」となります。その役目を簡単にまとめると、**全社的なクラウド活用を推進し実現して、DXを達成すること、**です。

CCoEはこのように、DXの達成に向けて、とても重要な役割を担います。だからこそ、**CCoEの担当者には、クラウドをはじめとするIT技術の知識、現場部門から経営戦略に至るまでのビジネス面での知見、そして何より、力強いリーダーシップが求められるの**です。

「そんなスーパーパーソンみたいなことは自分にはできないし、社内にもいない」と思われたかもしれません。そう思われた方にこそ、本書を読んでいただきたいと強く願います。先に述べたように、クラウド先進国の事例、および、日本国内での先進事例から、**CCoEのベストプラクティス**が見えてきました。先駆者たちが悩み、迷い、時には失敗しながらも、先に進んで得られた知見をまとめたのが本書です。

さらに本書を読んで、CCoEを率いてきたリーダーたちの想いや楽しさについても共感いただけたらと願っています。新しいことに挑戦して成し遂げるためのベストプラクティスも本書に詰まっているからです。

2021年10月

黒須 義一

目次

第**1**部　解説編

第1章 　　　　　　　　　　　　　　　　　　21
DX推進の鍵は
クラウド活用にあり

第4章　

第1部まとめ

第2部　事例編

第5章　

先進企業のCCoEに学ぶ

第6章 169

第2部まとめ

本書の構成と読み方・使い方

　本書は、CCoEのあり方を説明した第1部と、先進ユーザー事例を紹介した第2部で構成します。ここでは、本書の概要と、想定読者ごとの読み方・使い方について説明します。

第1部：解説編　　CCoEのあり方を知る

第1章　DX推進の鍵はクラウド活用にあり

　本章では、DXとクラウド活用はそもそもどのような関係にあるのか？　をわかりやすく説明します。DX成功の秘訣はクラウド活用にあること、それを支えるのがCCoEであることを確認します。

　執筆者は、さまざまな業種のCCoEをマルチクラウドで支援してきた遠山陽介です。遠山はクラウド黎明期から、大手企業を対象にクラウド活用のあり方や組織変革を支援してきました。その経験に基づいてDXとクラウドとCCoEを総括します。

第2章　CCoEが必要な理由とその活動内容

　本章では、日本のユーザー企業のクラウド活用状況とCCoEの運営状況を説明します。初期（立ち上げ期）の組織構成例や、成長期・安定期の活用内容についても具体的に示します。

　執筆者は、こちらも大手企業のクラウド活用を支援してきた伊藤利樹です。伊藤は、デジタルマーケティングの出自でありながら、メガバンク出向中に手掛けた全社クラウド基盤整備プロジェクトでノウハウを蓄積、SIerへ戻ってからは、さまざまな企業が直面する「クラウド利用における統制」を主に手掛けてきました。

第3章　CCoEの役割と運用・発展のポイント

　本章では、CCoEの体制/役割/効果のポイントを、必要に応じてクラウド先進国と国内の状況を対比しながら、解説します。クラウド活用およびその推進には、経営層やユーザー部門など社内の支援はもとより、社外をも巻き込みながら、しっかりとしたガバナンスに基づいて着実に取り組んでいくことが重要であることを示します。

　執筆者は、監査の立場からさまざまなCCoE支援を実施してきた饒村吉晴です。饒村は、金融機関や公共機関向けのクラウド活用コンサルティングの経験が豊富で、昨今の政府デジタル化における支援も手掛けています。

第1部まとめ──CCoEに唯一無二の正解はない

　ここでは、主に「俯瞰的な視点」から説明してきたCCoEのあり方を「当事者目線」、言い換えれば、「では、自分たちはどうすればいいのか」という観点を交えながら、第1部をまとめています。

第2部：事例編　CCoEの実際を知る

　第2部では、CCoEの立ち上げと運営に取り組んでいるユーザー企業の担当者に取材し、その実態を赤裸々にご紹介します。

図1：CCoEの役割は段階に応じて変化していく

第1部で説明しているように、CCoEのあり方は企業ごとに変わります。組織形態やその成長段階に応じて、役割が変化したり追加されたりしていきます（図1）。さまざまな業界・業種のCCoE担当者が見いだしたベストプラクティスを共有することで、第1部で知った「あり方」を自らの組織に当てはめる際の参考になれば幸いです。

本書の読み方・使い方

DXには経営層からユーザー部門（事業部門）、IT部門やR&D部門まで、さまざまな立場の方々が関係します。その立場ごとに、CCoEへの関与も変わってきます。その一例を示したのが図2です。その視点から本書の読み方・使い方を示します。

①本社組織・役員
デジタルを活用した競争戦略の立案は喫緊の課題です。まず、先

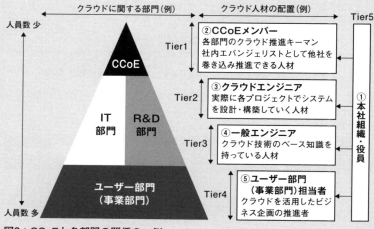

図2：CCoEと各部門の関係の一例

に述べたCCoEが自社に存在するか否か、そのオーナーシップがIT部門にあるのか、ユーザー部門にあるのかをご確認ください。どのような体制で、何をアウトプットしているのかを確認・整理するとともに、本書のベストプラクティスと照らし合わせてみてください。

　すると、体制/役割/効果の面で不足している項目が明らかになるので、それぞれを解決するための第一段階として推進リーダーを任命します。そのリーダーたちとコミュニケーションする中で、具体的な課題が浮き彫りになるでしょう。それらは自社内だけで解決しようとせず、オープンな手法も検討してみましょう。例えば、クラウドのインテグレーションに明るいベンダーに一部業務委託することや、ベンダー主催のコミュニティに参加し知見を得ること、などです。これが第二段階となります。

　次に、目指すべきCCoEの姿と目的が明確になったところで、中期経営計画などの経営計画にCCoEの立ち上げ（組成）や推進を盛り込んでいただく。それにより、社内外からの協力と理解が得やすくなります。これが第三段階です。

　最後に、ほかの組織運営と同様、CCoEは一度立ち上げたら終わりというわけではありません。日々の改善ルーティンを回していくことが品質を高め、維持していく最も重要な作業となります。CCoEにかかわる人員の持続的な活動環境を目指すべきです。例えば、バーチャル型組織とすることでハード型組織の組織変更への影響を最小限に留めることや、任期が十分に残っている決裁者を据える、などが効果的でしょう。本社組織（人事、経理、法務、コンプライアンス等）に属している担当者の方々は、クラウドを対岸の問題と捉えず、自身の部門における重要な検討項目の一つとして捉えてください。例えば、従量課金型のクラウドをどのように経理として取り扱っていくのか、デジタル人材としてクラウド関連の有資格

者増加に対してどのようなアプローチを取っていくのか、自身の企業が属する業法と照らし合わせた適切なクラウドのリファレンス整備、などが取り組みとして存在します。さらには、CCoEに自身がご参加し、多種多様なメンバーと意見交換することでアウトプットの品質向上が見込めるため、併せて検討すると良いでしょう。

② CCoEメンバー

　すでに自社にCCoEが存在し、参画されているメンバーの方にとって、本書は他社事例やベストプラクティスとの比較ができる良い機会になります。本書で示すCCoEの体制/役割/効果について照らし合わせていくことで、自社のCCoEに足りているところ・足りていないところを把握し、次ステップへの足がかりとしてください。

③または④ クラウドまたは一般のエンジニア

　ユーザー部門は、日々ビジネス課題と直面しています。それらを解決し、将来のために増力していくためのクラウド・デジタル戦略立案と実行は、IT部門やR&D部門の役割です。これらに所属しているエンジニアの方々は、本書の事例と照らし合わせながら、自社にCCoEが存在する場合は体制/役割/効果の観点から解説や事例を参考に、自らの参画をご検討ください。CCoEに関して、IT部門やR&D部門に属する技術に明るい人材への期待は一般的に大きく、その役割はプロジェクトのアーキテクティング支援であったり、クラウド固有のリスクアセスメントへのアドバイスであったりなど、多岐にわたります。一方、CCoEをまだ組成できていない場合は、上司へCCoE立ち上げの提言をする際に本書をお役立てください。

　ITシステム関連会社、子会社の方々や、実際にモノづくりを日々行っている方々もこちらに含まれます。その場合は、親会社や経営

サイドで策定されているデジタル戦略、IT戦略、クラウド活用戦略などを取り寄せて、その内容を確認することから始めるとよいでしょう。本書を読み進めながら、自社にCCoEがある場合はそのオーナーを確認し、参画を検討してみましょう。CCoEが自社にない場合は、本社IT部門や経営企画部門などへ、自社と協業するスキームでの組成を提言しましょう。本書を参考に、自社へ転用できる要素をピックアップ・肉付けしながら、提言資料作成にお役立てください。

⑤ユーザー部門（事業部門）

デジタルを活用した自社ビジネスの省力化（コスト削減）および増力化（ビジネス拡大）を計画されていて、自身がその担当者である場合は、CCoEが自社に存在するかどうかをまず確認することから始めます。

CCoEが存在する場合はすぐにそのキーマンに連絡し、最適なクラウド活用と自身のミッションへの活用を進めます。

CCoEが存在しない場合は、本書で後述する「IT部門ではなくユーザー部門でありながらCCoEを組成し、後日IT部門と連携していく事例パターン」を用いて、自身の活動を後押ししてくれる支援者を確保し、CCoE組成に向けて活動を開始します。日本におけるクラウド黎明期には、実際のニーズを抱えているユーザー部門の方々が一念発起し、CCoEを立ち上げ、後からIT部門等と連携していくパターンが多く見受けられました。そのようなかたちでの推進も企業のデジタル化フェーズにより採用することが有効です。

巻末には、補章として「CCoEチェックシートとその使い方」を用意しました。読者の皆さんが実際にCCoEを立ち上げ、運営していく際に活用いただけたら幸いです。

第 **1** 部
解説編

第 1 章

DX推進の鍵は
クラウド活用にあり

DXの推進が求められて久しい。
だが、いざ取り組もうとすると
「何から手をつけていいかわからない」「担い手が見当たらない」
といった課題に直面することが少なくない。
第1章では、DXの本質を示したうえで、その達成に向けて
大きな役割を果たすクラウド活用の重要性を説明する。

1-1

DXとクラウドの関係を正しく捉える

　最初にDX（デジタルトランスフォーメーション）の本質を簡潔に示します。すでに知っている読者もいらっしゃると思いますが、クラウド活用を考えるうえで基盤となる大切な要素なので、あらためて確認してみましょう。

DXの目的はビジネスモデルの変革

　経済産業省が発表した「デジタルトランスフォーメーションを推進するためのガイドライン（DX 推進ガイドライン）Ver. 1.0」[※1]では次のように定義されています。

> 　企業がビジネス環境の激しい変化に対応し、データとデジタル技術を活用して、顧客や社会のニーズを基に、製品やサービス、ビジネスモデルを変革するとともに、業務そのものや、組織、プロセス、企業文化・風土を変革し、競

※1 「デジタルトランスフォーメーションを推進するためのガイドライン（DX 推進ガイドライン）Ver. 1.0」は、以下から読むことができます。
https://www.meti.go.jp/press/2018/12/20181212004/20181212004-1.pdf

争上の優位性を確立すること。

　現在、多くの企業では、既存ビジネスプロセスの高度化・デジタル化に取り組んでいます。例えば、RPA（ロボティック・プロセス・オートメーション）などのテクノロジーを活用して自社の業務プロセスを自動化し、業務効率化・コスト削減を図るといった活動は、広義にはDXと捉えられています。また、コロナ禍により、人々の行動はリアルから非接触へと変化したため、オンライン営業や請求電子化、EC（電子商取引）など既存ビジネスプロセスのデジタル化は急速に進んでいます。

　ただし、こうしたデジタル化はDXのゴールではありません。経済産業省の定義にあるように、デジタル化によって得られたデータとデジタル技術を活用し（手段）、顧客体験（CX）、従業員体験（EX）を変え、ビジネスモデルそのものを変革していくこと（目的）がDXの意図するところとなります（図1）。**多くの企業では、デジタル化の次のステップであるビジネスモデルの変革に向け、試行錯誤を重ねているのが実態**となります。

　では、データとデジタル技術を活用しビジネスモデルを変革する

D　　　　　X

デジタル技術を活用して、ビジネスモデルを変革すること
（手段）　　　　　　　　　　　　　（目的）

クラウドテクノロジーの活用

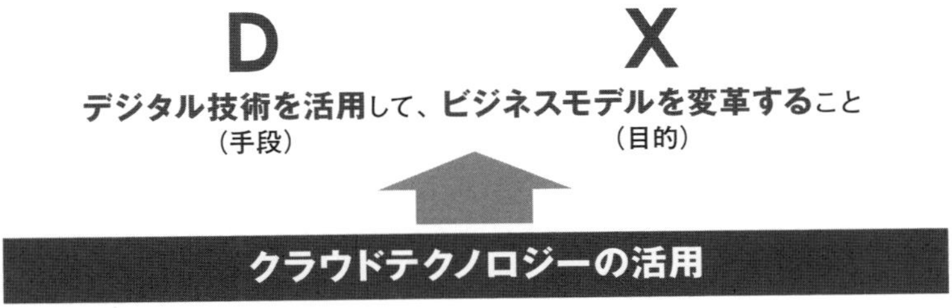

図1：ビジネスモデルの変革をクラウド活用が支える

うえで、クラウドテクノロジーを活用することにより、どのような恩恵を受けられるのでしょうか？　一見すると、クラウド活用はデジタル化のツールであり、ビジネスモデル変革とは関連性が薄いとも見て取れます。しかしながら、私はそうではないと考えています。その理由は、DX推進におけるクラウド活用の効果にあります。

DX推進とクラウド活用

　一般的にクラウドを活用することで得られる効果として、「システムの導入・運用コストを削減し、戦略領域への投資余力を生み出す」「IT担当者をインフラの維持管理業務から解放し、戦略領域へのリソースシフトを促す」「ハードウェアの調達を不要とし、システム構築の迅速性・拡張性を高める」などが挙げられます（図2）。

　メインフレームからのダウンサイジングやサーバーの仮想化、オープンソースソフトウェアの台頭など、**過去にIT業界で大きなトレンドとなったものはシンプルにコスト削減効果が期待できるもの**と考えることもできます。どんなに設計思想が優れていて技術者の間で話題に上がったテクノロジーでも、それを採用することによりコスト削減がすぐに連想できないものは大きなトレンドにはなり得なかったと感じています。その点、「大量のハードウェアリソースを集約することで調達コストを下げ、その巨大なリソースプール

- システムの導入・運用コストを削減し、戦略領域への投資余力を生み出す
- IT担当者をインフラの維持管理業務から解放し、戦略領域へのリソースシフトを促す
- ハードウェアの調達を不要とし、システム構築の迅速性・拡張性を高める

図2：クラウド活用による一般的な効果

の一部を従量課金で利用できる」という**シンプルにコスト削減効果が期待できるクラウドの特性は、クラウドを一大トレンドに押し上げた大きな要因の一つである**ことは間違いないでしょう。

　ただしDX推進という点にフォーカスしてみると、少し異なった側面を垣間見ることができます。「**クラウド活用＝コスト削減」だけに縛られるのではなく、それ以外の効果を最大限に活かすことがDXを推進するうえで重要になります。**ここでは代表的なものをご紹介します。

仮説検証の高速化

　前述したとおり、ビジネスモデル変革という困難な課題に直面した際、仮説検証という試行錯誤が求められます。従来はビジネスプラン（仮説）を支えるシステムを構築するには時間も費用も多大にかかるため、**机上検証においてビジネスプランを反芻し、その成功確率を高めるアプローチを採用していました。**これがクラウドを活用することにより、かつては徐々に、最近は急激に変わりつつあります。

　かつてはクラウドの特性である従量課金制が着目され、仮説検証アプローチで積極的にクラウドが採用されていました。スモールスタートで始めて失敗コストを低減したい仮説検証アプローチとクラウドの従量課金制がマッチしていたことが、その理由です。ただし、クラウドを従量課金制のインフラとして捉えていた場合、この効果は限定的なものとなります。システム構築をアプリケーションとインフラに大別した場合、一般的にインフラにかかるコストは全体の2割から3割と言われています。つまり、アプリケーション領域にメスを入れない限りは、仮説検証に相応の期間と費用が依然として発生していたことを意味しています。

昨今、クラウドの進化に伴い、アプリケーション領域でも大きな変化が起きています。プログラミングすることなくアプリケーションを開発できるクラウドサービスや、ECサイトやマーケティング、機械学習やデータ分析など特定のサービスや機能に特化したクラウドサービスが登場し、これらクラウドサービスを組み合わせる（インテグレーションする）ことで、本番サービスとしてローンチするスピードが飛躍的に高まっています。この結果、**これまで机上検証やプロトタイプによる検証（PoCなど）としていた仮説検証プロセスを、本番サービスとして検証するアプローチ**が登場しつつあります。質の高い試行錯誤が必要となるDX推進において、この効果は絶大なものになっていくでしょう。

　ただし、複数のクラウドサービスをインテグレートする際や何らかの付加価値を付与する際に、一定のエンジニアリング力が求められる点は注意が必要です。クラウドサービスを活用した高速な仮説検証に際し、エンジニアリング力の確保はこれまで以上に重要となってきています。

システムとしての機敏性の確保

　経済産業省が発表した「DXレポート 〜 ITシステム『2025年の崖』克服とDXの本格的な展開〜」[※2]では、複雑化・ブラックボックス化した既存システム（レガシーシステム）がDXの足枷になると警笛を鳴らしています。システムが複雑化・ブラックボックス化する要因は多々あると思いますが、「オンプレミスで構築したシステムは、システム刷新のライフサイクルが長い」ことが要因の一つであると

※2　「DXレポート 〜 ITシステム「2025年の崖」克服とDXの本格的な展開〜」は、以下から読むことができます。
　　　https://www.meti.go.jp/shingikai/mono_info_service/digital_transformation/20180907_report.html

考えています。

　システム刷新はハードウェア／ソフトウェアの寿命、言い換えれ
ばEOSL（エンド・オブ・サービス・ライフ＝製品/サービスの提供
やサポートの終了）のタイミングに併せて検討することが多いので
すが、一般的には5年〜7年、延長保守などを受けることによって
それ以上となります。その間に小規模な改修を続けた結果、システ
ムの複雑化・ブラックボックス化がゆっくりと進行し、EOSLのタ
イミングでは刷新リスクやコストが高まっています。さらに、
EOSLのタイミングでは基盤の老朽化取替のみで済ませてしまうこ
とも多く、その結果、システムの複雑化・ブラックボックス化はいっ
そう進んでしまいます。

　クラウドを採用することでハードウェアのEOSL対応がなくな
り、よりシステム刷新のライフサイクルが長くなると思われるかも
しれませんが、実はそうではありません。**クラウドは好む好まざる
に関係なく進化し続けるため、その上で稼働するシステムは少なか
らず影響を受けてしまいます。**また新規サービスが続々と登場し、
それを活用することでシステムの機能向上やコスト削減が期待でき
ます。その際にインフラ変更に伴うシステムテストを手動で実施し
続けるのは非効率であるため、常に自動でテストができるような継
続的デリバリーの仕組みを構築する大きな動機づけになります。結
果、**短期間に小規模システム刷新を行う流れが形成され、システム
の複雑化・ブラックボックス化が自律的に抑止されます。**

　DXを推進するうえでは、事業環境の変化に併せて迅速に対応す
る能力が求められます。そのためにはシステムのアジリティ（機敏
性）確保は重要なポイントになり、一部後ろ向きな理由もあります
がクラウド活用はその一助となり得ます。ただし、企業には変化よ
りも長期安定を志向する機能も存在し、それをクラウドに載せるこ

とは得策ではありません。この辺りの見極めが今後重要になっていくでしょう。

変革推進に向けたマインドセット・スキルセットの獲得

　DX 推進ガイドラインで定義されているように、DXを推進するうえで「組織、プロセス、企業文化・風土の変革」も重要となりますが、ここでもクラウド活用はその一助となり得ます。

　一例としてインフラ運用の考え方を例示します。これまで、特にIT部門のインフラ担当は、システム基盤の安定稼働が重要なミッションであり、その実現に向けて多大な労力を割いていました。その性質上、安定稼働を揺るがす可能性のある変化に対して抵抗感を抱くことは致し方なかったと言えます。ただし、変化し続けるクラウド上で高品質なシステム基盤を管理するには考え方を変えざるを得ません。**固定的な基盤を運用するのではなく、変化に対応し続けるための適切なクラウド運営が求められるようになり、変化に強い運営プロセスが自律的に形成されます。**

　また、開発生産性にも大きな変化が生じます。クラウド上でシステムを開発しようとした場合、採用するテクノロジー・アーキテクチャ、また担当者のスキルにより、その生産性は「桁」が変わる時代になっていると感じます。**均質性・同調性が求められた世界から、個々の力が求められる世界に変わることにより、社員の自律的な学習が促されます。**

　このように、クラウド活用により組織も変わり得ますが、いつの時代にも変化に対しては一定の抵抗が存在します。この抵抗力の強さは企業文化・企業規模などにより異なりますが、動摩擦係数と静摩擦係数の関係のようにいったん動き出してしまえばその抵抗は徐々に薄れていきます。まずは小さく、そして少しずつでも良いの

で、変化し続けていくことが重要になるでしょう。

クラウド活用に向けて

　ここまで説明してきたように、DX推進に向けてクラウドを活用することは重要な手段となっており、さらに今後は必要不可欠なものとなるでしょう。ただし、現時点においてクラウドを安全かつ効果的に活用できている企業は多くありません。特に大手企業においては、連綿と受け継がれてきたプロセス・仕組み、そして人材の変革が求められ、経営層がクラウド活用を声高に叫んだとしても思ったように進捗していない実態があります。そして、そのブレークスルーとして期待されているのが、CCoE（クラウド・センター・オブ・エクセレンス)という機能（組織）なのです。

　次節では、クラウド活用に向けてCCoEが求められる背景とCCoEの役割について説明します。

1-2

クラウド推進における CCoEの役割

前節の1-1では、DX推進に向けてクラウド活用は必要不可欠な存在になりつつあることを紹介しました。この1-2では、クラウド活用に向けての課題、およびそのブレークスルーとして期待されるCCoEについて説明します。

クラウド活用に向けての課題

他社に先駆けてクラウド活用に着手した先進企業は多くの課題に直面し、それを乗り越えてきました。これらの課題はクラウド活用のセミナーやコミュニティなどによりノウハウが共有され、また、業界のリーディングカンパニーがクラウドを採用したという実績は同業他社などを刺激し、現在では多くの企業がクラウド活用に一歩踏み出しています。

ただし、**クラウド活用に着手はしたものの、「クラウドの良さを活かしきれていない」「クラウド活用が想定より進まない」といった企業が多いのではないでしょうか**。そのような企業では「人材育成が必要」という根源的な部分に帰着し立往生しがちですが、それ以外にも課題が潜んでいるように感じます。ここでは、多くの企業

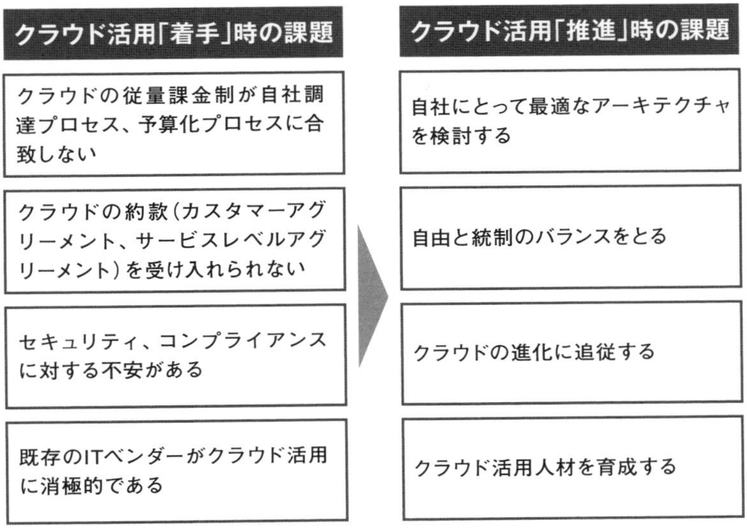

クラウド活用「着手」時の課題	クラウド活用「推進」時の課題
クラウドの従量課金制が自社調達プロセス、予算化プロセスに合致しない	自社にとって最適なアーキテクチャを検討する
クラウドの約款 (カスタマーアグリーメント、サービスレベルアグリーメント) を受け入れられない	自由と統制のバランスをとる
セキュリティ、コンプライアンスに対する不安がある	クラウドの進化に追従する
既存のITベンダーがクラウド活用に消極的である	クラウド活用人材を育成する

図1：クラウド活用における課題

が直面している、クラウド活用を推進する際の課題を紹介したいと思います (図1)。

①自社にとっての最適アーキテクチャの検討

特に大手企業においては、過去から連綿と受け継がれてきた資産が多く存在します。例えば、システムを外部の脅威から守るためのセキュリティポリシーやセキュリティ防御の仕組み、システムを安定運用するために設けられている運用プロセス・運用人材・運用の仕組みなどが挙げられます。**これら資産はオンプレミスの世界では大きな強みとなる一方、全く新しいクラウドの世界では足枷となり得ます。**ここで各企業は、「既存資産を有効活用しつつクラウドを活用する」か「いわゆるクラウドネイティブの考え方で新しい領域を構築する」かの選択を迫られます (図2)。

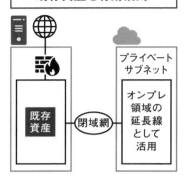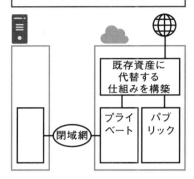

図2：クラウド活用の2形態

　既存資産を有効活用しつつクラウドを活用する場合、クラウドの
メリットを完全に享受することは難しい場合が多いでしょう。特に
顧客接点を担うようなフロントサービス系のシステムでは、既存資
産を有効活用することよりもクラウドの最新テクノロジーを活用す
ることの方が競争優位性につながります。こういったシステムに関
しては既存資産に捕われないクラウドネイティブの世界観が合致す
るでしょう。ただし、バックオフィス系のシステムでは、変化より
も長期安定稼働を重視するシステムも存在します。そういったシス
テムに対しては既存資産が活用でき、自社オンプレ領域の延長線と
してクラウド領域（主にIaaS）を活用できることは有効な施策とな
ります。

　いずれのタイプを選択するかは、既存資産の有効度合い、各企業
の立ち位置、および今後進むべき方向性などに依存しますが、私と
しては「**両方持つ（ただし管理ポリシーを分離して）」ことが多くの
企業にとっての一つの解である**と考えます。IT部門が中心になり
既存資産を有効活用したクラウド領域を整備した結果、事業部門が

思い描くクラウドネイティブの世界観との乖離が生じ、事業部門側で独自にクラウドを調達してサービス開発を進めるといった事例（シャドーIT化）が散見されます。従前のような自社ネットワークに閉じた範囲でのシャドーIT化はその影響範囲が限定されていましたが、インターネットを前提として構築されているクラウドではその影響範囲を軽視できません。そのためクラウドネイティブへの対応が必要となりますが、この両者をからめて管理しようとすると矛盾が発生するケースが多々あるため、敢えて管理ポリシーを分離し、タイプの異なるクラウド領域を整備することを推奨します。

②自由と統制のバランス

　クラウド操作権限をどのように管理するか？これはクラウドを活用しようとしている企業にとって、大きな課題になっています。例えばオンプレミスの世界では、ファイヤーウォールの設定はごく一部の担当者だけしか扱えませんでした。ところがクラウドの世界では、ファイヤーウォールの設定は誰しもが簡単に設定できるようになっています。その結果、意図しない通信を許可していたことが原因でセキュリティインシデントが発生しているケースも散見されます。

　クラウド活用を重視した場合、システム開発現場にクラウド操作権限をできる限り委譲することが望まれます。特にDX推進のため高速な仮説検証が求められるようなケースにおいて、クラウドの新しい活用方法を試した際に権限に依存する問題にいちいち遭遇していては、競争力を失いかねません。かといって過度に権限を委譲した結果、情報管理、サービスレベル管理、法令対応などで問題が発生するという事態が発生することは、防ぐ必要があります。

　よって、クラウド操作権限を集中管理し、クラウド利用者に対し

て一定のセキュリティ品質は保ちつつDX推進を阻害しないレベル
で権限を付与する運営が求められます。ただし、この適切な権限レ
ベル（バランス）は非常に難易度の高い設計となります。境界型セ
キュリティポリシーを採用している多くの企業では、仮想プライ
ベートクラウドを採用しネットワークの境界を定め、その内側で
クラウド操作権限を付与することが一般的です。ただし、クラウドら
しい魅力的なサービスはプライベートクラウドの外側に位置するこ
とが多く、その取り扱いに苦慮する場合が多いのが実態です。

　そこで、予防的統制（クラウド操作権限の管理）に加え、発見的
統制（意図しない操作などにより生じたセキュリティの潜在的な脅
威やインシデントの特定）や是正的統制（当該箇所の自動修復と通
知）を採用し、**予防的統制でカバーできない領域を発見的統制や是
正的統制で補完する**アプローチが採用されます。例えば、クラウド
利用者にネットワーク通信のアクセス制御設定権限を付与した場合
でも、意図しない通信が許可されていた際にはアラートを通知し、
アクセス制御設定を正しい値に誘導することが期待できます。

　ただし、発見的統制を過度に信用するのは禁物です。上の例では、
意図しない通信許可が設定されてから正しい設定に直すまでの間
は、セキュリティの脅威に晒されています。また、クラウド活用を
重視して予防的統制を弱め発見的統制にシフトした結果、膨大なア
ラートが通知され、その是正的統制に多大な負荷がかかってしまい
健全な運営プロセスが破綻した事例も散見されます。**発見的統制は
予防的統制の補完的な位置づけであることを前提に検討する必要が
あります。**

　この件に関しては私自身も長年悩み続けている課題であり、現時
点において万人が納得できる解を持ち合わせていません。ただ、リ
スクを恐れ過度なガバナンスによってクラウドの良さを消すのでは

なく、またクラウド活用を推進するあまり過度な権限を開発現場に委譲するのでもなく、各企業にとっての最適なバランスを定義する必要があると考えています。

③クラウドの進化へ追従

前述した課題をクリアし、クラウド活用のための仕組みやプロセスが整備できたとしましょう。ここでも各企業は次の課題に遭遇します。クラウドは常に進化し続けるため、整備した仕組みやプロセスがすぐに陳腐化してしまうという問題です。

過去を振り返っても、利用者がペインポイント（悩みの種）と感じている領域に対して、クラウドベンダーはソリューションを提供し続けてきました。整備した仕組みやプロセスでクラウドの制約により妥協した点があるとしたら、クラウドの進化に伴い将来的に解消できる可能性が高いでしょう。前述した「自由と統制のバランス」に関しても、将来的に画期的なサービスが展開され、私の積年の課題も解消されるかもしれません。

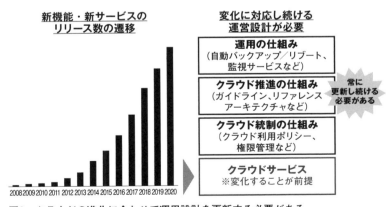

図3：クラウドの進化に合わせて運用設計を更新する必要がある

このように、**クラウド活用を推進するための整備した仕組み・プ
ロセスはクラウドの進化に合わせてアップデートし続ける必要があ
ります**（図3）。当面の間、クラウドは進化し続けるでしょう。企業
にとって負担に感じる部分かもしれませんが、仕組みやプロセスを
最新の状態に保ち続けていくことは、自社ITの競争力を維持し続
け、そして高めていくためにも必要なオペレーションとなります。

CCoEが注目される理由

　ここまで見てきたように、クラウド活用推進に際しては多くの課
題に直面します。本書でこれからお伝えするように、人材の育成も
大きな課題の一つです。さらに、クラウド活用が進むにつれて、他
社のベストプラクティスをそのまま適用できる類の課題ではなく、
自社の状況に応じた対応が求められます。**こうした課題に対して明
確に組織として対応しようという認識から注目されているのが
CCoEです。**

　元来、CoE（センター・オブ・エクセレンス）とは、優秀な人材
を集めた研究拠点という意味合いで古くから使われていましたが、
現在では企業などにおける全社横断的な専門組織を表すようになっ
ています。このCoEにCloudを付与したCCoEという言葉を私が耳に
するようになったのは2016年頃だったと記憶しています。当時、ク
ラウドを全社的に活用し効果を上げている企業はごく一部であり、
これら企業に共通していたのはクラウド活用推進組織を組成してい
たことでした。このことが顧客企業内でクラウド活用を強力に推進
してくれる社内伝道師的な役割を求めていたクラウドベンダーの思
惑と一致し、この推進組織をCCoEと称してベストプラクティス化
し、現在に至っていると感じます。

ややベンダー側の論理で登場した感のあるCCoEですが、**クラウド活用を推進するうえで、またその先にあるDXを推進するうえで、CCoEの組成は多くの企業にとって必要不可欠なもの**となるでしょう。クラウド活用の課題で述べたように、クラウド活用を推進する際には「攻めの役割（積極的なクラウド活用推進）」と「守りの役割（安心・安全にクラウドを活用するためのクラウド統制）」が求められます。IT部門だけでクラウド活用を推進した結果、守りの役割の比重が高くなりクラウドのメリットを享受できていない事例も散見されます。クラウド推進には、クラウドを安全に使いこなすという視点以外に、「クラウドを自社ビジネスに活用する」という視点が重要になります。そのためにも**既存の組織の枠に縛られず、攻めと守りをバランスよく維持できるCCoEという新たな組織**が求められています。

　1-1では、DX推進におけるクラウド活用の必要性、1-2ではクラウド活用におけるCCoEの必要性を説明してきました。DXにおいてデジタル化は手段であるのと同様に、クラウド活用におけるCCoEの組成も手段であって目的ではありません。最終的には、CCoEという機能がなくても、企業においてクラウド活用が自律的に推進できることが目指すべき姿と考えています。ただし、クラウド活用の過渡期において、CCoEという機能が重要な位置づけを占めることをご理解いただけたとしたら幸いです。

第 2 章

CCoEが必要な理由と
その活動内容

この第2章では、DXの実現および、
そのためのクラウド活用推進に向けて、
なぜCCoEが必要なのかを示してから、
初期（立ち上げ期）の組織構成例などを説明する。
さらに、CCoEの成功事例と失敗事例の共通点を示しながら、
その適切なあり方とそれに基づいた
成長期・安定期の活用内容を具体的に説明する。

なぜCCoEがクラウド活用に必要なのか

　第1章では、DXにはクラウド活用が必須であること、そして、クラウド活用には次の3点が課題になることを述べました。

①自社にとっての最適アーキテクチャの検討
②自由と統制のバランス（予防・発見・是正的統制の整備と活用バランスの調整）
③クラウドサービスの進化への追従

　今回はこれらを実施していくために、なぜCCoEが必要なのか？　そして、なぜ情報システム部門（IT部門）だけでは実現できないのか？　について見ていきましょう。

CCoEが求められる理由

　昨今、特に大手企業におけるクラウド活用の現場において、なぜこれほどまでにCCoEが有効だと言われているのでしょうか。第1章で紹介した、クラウド活用に関する課題のうち、①自社にとっての最適アーキテクチャの検討、および、そこに含まれる「社内ルー

ルの整備」を念頭に、CCoE設立の必要性について考えてみます。

背景1 クラウド活用に向けた「障壁」の存在

「社内ルールの整備」とは主に、自社の既存のITルールにおける
セキュリティポリシーや運用プロセスを、クラウド活用に合わせた
ものに整備していくことです。

社内ルールと一言で言っても、思いつくままに並べるだけでも、
整理すべき具体的な項目が次々と出てきます。

- システム開発ルール
- システム運用ルール
- クラウド利用ルール
- 購買ルール
- ユーザー ID管理
- ……

整備するためには、それぞれの主管部署と、調整し、ルールを整
え、かたちにし、決裁を取り、正式なルールとして告知していくこ
とになります。その過程においては、既存のルール、社内手続き、
そしてクラウド利用において気をつけるポイントを、それぞれ理解
している必要があります。

整備を始めてみると、想定していなかった「落とし穴」にはまる
ことがあります。それは、協力を見込んでいた主管部門に拒否され
る事態です。

なるべく具体的なイメージを持っていただくために、よくある
「非協力的な例」を4つ紹介しましょう。

ケース1：ユーザー ID管理を拒否する運用部門

　オンプレミスシステムのユーザー ID管理については運用部門が実施しているので、クラウドのユーザー IDも同様に管理してもらおうと、運用部門に話を持ち掛けたとしましょう。すると運用部門の担当者が「そもそもクラウドのユーザー IDまでウチが管理すべきものなのか」と言い出して、管理を拒否するケースがあります。

　それもそのはずで、運用部門の担当者は、クラウドがもたらすビジネス効果を直接には感じにくいことが多く、クラウド関連の運用作業が増えてもただ忙しくなるだけ、と捉えがちなのです。運用業務は効率化され、少なければ少ないほど良いと考えている矢先に、クラウドのユーザー ID管理作業が増えるとなれば、拒否したくなるのも無理はないでしょう。

　著者は実際、クラウド導入の打ち合わせで、次のような体験をしたことがあります。ある企業の運用部門との1回目の打ち合わせにおいて、「クラウドのユーザー ID管理についても運用部門で担当してください」と提案して検討いただくことになったものの、2回目の打ち合わせは突如キャンセルされてしまい、その担当者と連絡がつかなくなってしまったのです。その後、経営層に掛け合い運用部門とトップダウンで調整を進めてユーザー ID管理業務を引き受けてもらうことになりましたが、担当者が前向きではないため非常に難航しました。

　そのような運用部門であっても、**最終的には仲間になってもらう必要があります。必要に応じて都度適切にレクチャーし、クラウドのユーザー ID管理に必要な予算を確保し、管理が不安なくスタートできるように、協力しながら進めていくようにします。**

ケース2：思考停止するセキュリティ部門

　多くの企業における社内ルールの門番は、セキュリティ部門です。セキュリティ部門からクラウド利用の許可を得ることは私の経験からも重要であり、なおかつ大変です。それもそのはず、クラウドを介したセキュリティ関連の事故は確かに存在し、場合によってはニュースでも大きく取り上げられることが多いからです。

　仮にあなたがセキュリティ部門の部長を務めているとしましょう。任期は今年度いっぱい。若いころから仕事詰めだった甲斐もあり、無事任期を終えれば役員への道も見えてくる頃です。そうしたところに、クラウド利用の申請と社内ルールの変更依頼が届きました（図1）。つい先日も、クラウド絡みの個人情報漏洩のニュースが報道されたばかりです。このような事故が起きれば役員どころでは

図1：セキュリティ部門の部長の立場になってみると……

ありません。さて、部長のあなたは本件を受理できるでしょうか？

　部長としてあなたが本件を承認するためには、**最低でもクラウド固有のリスクがわかりやすく的確に定義され、それを防ぐ対策がすでに講じられており、社内ルールに落とし込めていること――**が必要でしょう。わかりやすい平易な言葉でクラウド固有のリスクと対策を説明してもらい、しっかり安心したいものです。

ケース3：コスト弾力性が無い情報システム部門

　情報システム部門にクラウドでのシステム開発を依頼したら、オンプレミスで構築する場合の2倍の見積もり額が提示された。こんな話を経験上よく耳にします。1週間に3回、このような話を聞いたことすらありました。

　情報システム部門による見積もりが高額となる理由は、決まって次のような事情からです。

- やったことがないので、リスクをたくさん積みました。
- やったことがないので、学習コストと検証コストをたくさん積みました。
- クラウドがわからずオンプレミスに誘導したいので、クラウドは高くしました。

　まず、学習コストや検証コストをユーザーに転化している時点で問題です。資本主義の競争の中では発生し得ない話ですが、競争がない、あるいは競争に乏しい環境では起こりやすいようです。そして、情報システム部門（システム開発の子会社を含む）は、そのような環境下に存在することが多いのです。

　社内でシステム開発の案件が常に存在し、競争せずともビジネス

が成り立つ環境にいる——これでは、自己研鑽により新技術を習得するモチベーションが湧かなくても無理はありません。社会主義が衰退した理由と非常に似ています。**競争原理が働かないと、勤労意欲は減退し、生産性が低下して停滞する**のです。それが、コスト弾力性の欠如として表れてしまうわけです。

ケース4：個別採算性がもたらす不幸

とある企業の情報システム部門から、次のような問い合わせを受けました。

「ビジネス部門がクラウド使いたいと言ってきていて、大変困っている。以前導入した仮想化基盤の償却が終わってないので、今はクラウドをやりたくない。クラウド化を拒否するための情報をくれないだろうか？」

これは通常、おかしな話です（図2）。購入済みの資産を利用する

図2：IT部門がパブリッククラウドを拒否してしまうのは……

ことでコストメリットが得られるのであれば、それで話はおしまいです。しかし、話をよくよく聞いてみると、部門ごとの独立採算になっており、仮想化基盤への投資は情報システム部門として行っている、そして、ビジネス部門が仮想化基盤を利用する際は社内取引で利用料を徴収する、ということでした。

　一方のビジネス部門としては、仮想化基盤の利用料よりもクラウドの利用料の方が安価でした。それでクラウドを使いたいのに、情報システム部門からは拒否されてしまうという構図です。**この情報システム部門とビジネス部門の「対立」は、予算の縦割りにより生まれた不幸**です。

　ここまで、主管部門に拒否される事態について、運用量増加を拒む運用部門、リスクを取りたくないセキュリティ部門、競争が少なく新技術取得のモチベーションに乏しい情報システム部門、個別採算性がもたらす不幸という要因ごとに、著者の体験から具体的に説明しました。いずれの話も、全社目線からするとおかしな話であることは明らかですが、個別組織それぞれの論理を見ていくと正論だけではなかなか話が進まないことが理解いただけたかと思います。組織の縦割化が進んでいるほど、この傾向が強くなるのです。

背景2 障壁突破を担うヒトとそれを受け入れる活動スキームの必要性

　個別の障壁を突破し、全社最適の目線で会話をするためには、複数組織を横串にして会話することや、経営層による高い目線と後押しが重要です。当然ですが、クラウドに関する知識も必要になります。既存の情報システム部門のみで、これらの障壁を突破できるでしょうか?

IT企画 部門	IT開発 部門	IT運用 部門	IT関連 会社	コンプラ 部門	事業部門 （ユーザー 部門）

CCoE（クラウド活用推進組織）

図3：特に初期（立ち上げ期）のCCoEは、多くのステークホルダーで構成される

　もちろん、突破できる能力を持つ、卓越した情報システム部門もあるでしょう。そのような企業には、CCoEは不要です。より正確に言えば、CCoEの機能を情報システム部門が包含している状態です。しかし、多くの企業においては、情報システム部門だけでの突破は難しく、ルール整備はおろかクラウド推進自体が滞ってしまいがちなのが実情のようです。

　そこで、CCoEの出番です。**クラウド有識者やステークホルダーが集まり、経営サイドがスポンサーとなり全社最適な議論をしていくワーキング・グループ**（図3）。それが、特に初期（立ち上げ期）のCCoEのかたちであり、障壁突破に有効な処方箋となるのです。

背景3 事業部門・IT部門双方のDXをリードする調整役の必要性

　さて、CCoEの体制が定まり、クラウド活用のためのディスカッションやルール整備がいよいよ始まりました。しかし、「DXのモチベーション」が欠けたまま、情報システム部門やリスク管理部門のステークホルダーだけでクラウド利用の整備を進めると、極端にセキュリティに重きを置いたルールができてしまいがちです。セキュリティと利便性はトレードオフですが、情報システム部門やリスク管理部門は、自らがDXの主体ではなく、クラウドを使うわけでもないので、リスクをコントロールしようとするあまり、どうしても

事業部門（ユーザー部門）の利便性を置き去りにしてしまいがちです。

　その結果、強固すぎて使い勝手が悪いセキュリティルールや、大量かつ効果がないクラウドチェックリストが生まれ、ユーザーを辟易させてしまう——著者はこうしたケースを、これまで幾度となく目にしてきました。第1章で課題とされた自由と統制のバランス（予防・発見・是正的統制の整備と活用バランスの調整）についても、「DXのモチベーション」がないまま情報セキュリティ部門とリスク管理部門の論理で進めると、極端に守りを重視したものになってしまいます。

　例えば予防的統制では、「ユーザーにどれくらいクラウドの操作を解放できるか」がポイントですが、極端な例ではユーザーは一切クラウドの操作はできず、かつ、クラウドの操作はすべて情報システム部門への申請・依頼が必要になってしまうのです。

　リスク管理側の視点では、すべてをコントロールできるのですから、このやり方が良いように思えます。しかし、ユーザー部門の立場からすると、少し設定を変えるだけでも申請書を出し、レビューを受け、変更してもらえるのは数日後……といった運用では、トライアンドエラーやアジャイル開発などは夢の世界です。クラウドを活用する大きな目的として、ビジネスのアジリティ（機敏性）確保がありますが、このケースではそれが完全に失われてしまいます。

　強固すぎるセキュリティルール、大量な形式だけのチェックリスト、不自由な操作権限……そうした環境で、ユーザー部門は果たしてクラウドを使おうとするモチベーションを保てるでしょうか？**セキュリティと利便性のバランスをとった現実的な落としどころを見いだすには、きちんとした知識と根拠に基づいて「そうした仕様では利用に向かない」と、声を大にしてしっかり訴えることができる**

存在が不可欠なのです。

　整理すると、特に初期（立ち上げ期）のCCoEでは、次の4点がポイントであると考えます。

- ステークホルダーによるワーキング・グループとしての設置
- クラウド有識者の配置
- DX（クラウド活用）に関する経営のコミットと発信
- DXのモチベーションが高いビジネス部門担当者の配置

　この3-1では、クラウド活用におけるCCoEの有効性と、特に初期（立ち上げ期）のCCoEで必要なポイントについて述べました。次節では、CCoEの成功事例と失敗事例に基づき、そのあり方について見ていきます。

2-2

成功例と失敗例で見る CCoEのあり方

　前節の2-1では、クラウド活用におけるCCoEの有効性と、特に初期（立ち上げ期）のCCoEに必要なポイントについて説明しました。今回は、著者が数々のCCoEを支援してきた経験に基づいてCCoEの成功例・失敗例を見ながら、そのあり方について考えてみましょう。

成功事例の共通点

　成功したCCoEの事例を著者なりに分析すると、3つの共通事項があります。

①強烈なリーダーシップ（熱意と巻き込み力）を持つ中心人物がいる。
②経営層の後ろ盾がある。
③内製化とアウトソースの使い分けポリシーがしっかり定まっている。

　これらを満たし、著者が見てきた中でも特筆すべきCCoEの例を

紹介しましょう。従業員数は約1万人規模、いわゆる大手企業の
CCoEの例です。

　著者がその企業に関与し、クラウド活用の支援を開始した当初は、
次のような状況でした。クラウド利用はほぼゼロ、シャドー IT（非
公認のIT活用、この場合はクラウド活用）が存在しており、その取
り扱いに苦慮している……。

　この状態から、凄まじいスピードでクラウド活用が進んでいきま
した。クラウド利用ルール・体制・インフラを整備し、商用システ
ム（クラウドを使った商用サービス）を複数ローンチし、さらには、
コロナ禍によるリモートワーク需要に応えてほぼ全ユーザー用にク
ラウド上にVDI（仮想デスクトップ）を構築する、までに至りまし
た。ここに至るまで要した時間は1年弱という、スピード感のある
取り組みでした。社名は明かせませんが、かなり堅実な業界の大手
企業です。**この業界で、DXがこんなにすばやく進んでいる国内の
事例は、著者個人として、いまだ見たことがありません。**

強烈なリーダーシップ

　この成功したCCoEの一番の特徴は、CCoEを率いるリーダーの
熱意とリーダーシップです。

　このリーダーはビジネス部門の人が務めており、ビジネスの高度
化、いわゆるDXを目的にしていました。DXにクラウドが必要なの
で自分たちで利用できるように、と推進していたのです。さらに、
素晴らしいことに、自分たちだけが使えればいい、という姿勢では
なく、今後クラウドを利用する社内ユーザーが困らないように、全
体最適の目線で社内ルールや体制を整備して進めていました。

　このリーダーは外部からの転職者で、CCoEの立ち上げ時点で、

在職半年程度でした。社内の誰と話をしていいのかわからないと笑いながら、社内のステークホルダーを探し出して、クラウドガバナンスを検討する会議に連れてきていたのを思い出します。やる気さえあれば、ステークホルダーを探し、連れてこられるのです。そして、連れてきたステークホルダーを上手に仲間にしていきました。また、コンサルタントを雇ってクラウドガバナンスの勉強会を開催して社内のリテラシーと意識の底上げを図ることもあれば、経営層から各部門長にクラウド推進を検討するよう指示を促すなど、上下様々な角度で働きかけをして仲間を増やしていきました。

　そのリーダーはビジネス部門の所属でしたが、情報システム部門やセキュリティ部門の論理、立場を深く理解していました。ビジネス部門目線だとセキュリティ関連は面倒な厄介ごとになるのですが、セキュリティの大切さ、およびセキュリティ部門の立場を理解したうえで、利便性とセキュリティのバランスを意識したルールづくりを推進していきました。

　特定の部門の立場に偏重することなく、**会社のためにどうあるべきかを考えた高い視座に基づいてクラウド推進に取り組む姿勢は、ほかのCCoE担当者にも支持され、CCoEが一体となって全社最適を目指していくようになりました。**リーダーシップを発揮して周囲を巻き込んでいくためには、こうした視点・姿勢が必要なのです。

経営層の後ろ盾がある

　このリーダーは、ステークホルダーとして経営層を巻き込んでいたことも印象的でした。DXおよびそれを支えるクラウド活用の価値を経営層にプレゼンし、予算と権限を確保したうえでCCoEを立上げていました。これにより、社内ステークホルダーの巻き込みがよりスムーズに進みました。

前節2-1でお伝えしたとおり、ステークホルダーとなる各主管部門は必ずしも協力的ではありません。そのようなときに**経営層がクラウド活用をきちんとコミットしているという事実は、非協力的なステークホルダーが「協力的に」動くための大きな原動力となるの**です。

内製とアウトソースの使い分け

　このCCoEでは、開発する案件に関して、「内製すべきもの」と「アウトソースすべきもの」を、明確に区別していました（図1）。ビジネス要素があるものは他社との差別化要因であり、競争の源泉足りえるので基本的に内製化する、ビジネス要素がない共通機能で特に難易度が高いものは対応するリソースがないので積極的にアウト

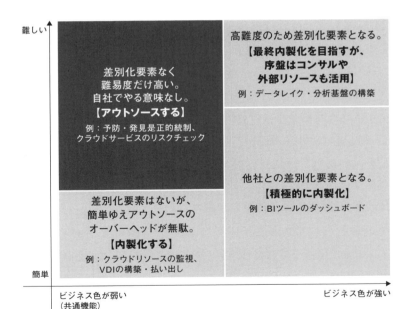

図1：内製化するものとアウトソースするものを明確かつ論理的に区別する

ソースする、といった具合です。

　ステークホルダーの中には、「海外で内製化が流行っているようだから、なんでもかんでも内製化するんだ！」という人もいるため、**内製とアウトソースを明確に定義して区別していく**というのは、大変な作業と調整が必要でした。

　このCCoEにおける内製化とアウトソースの基準について示したのが、先に示した図1です。この事例では、アウトソースに適した領域が比較的少なくなっています。このように内製／アウトソース戦略が明確かつロジカル（論理的）であり、社内リソースを適切に活用している点は、非常に好感が持てます。このような姿勢が、クラウド利用成功に寄与していると考えられます。

失敗事例の共通点

　今度は上手くいっていないCCoEの特徴を見てみましょう。上手くいっているCCoEの裏返しなのですが、次の3点が上げられます。

①リーダーにDXに至るまでの熱意がない。
②「誰も遊ばない遊園地の案内係」に終始している。
③すべてにおいて内製化が是だと考えている。

リーダーにDXに至るまでの熱意がない

　立ち上がってからしばらく経過したCCoEのリーダーから、「CCoEってそもそも何を目指すのでしょうか？」と質問されることがあります。残念ながら、このような質問が出るリーダーの率いるCCoEは、上手くいっていないことがほとんどです。

　リーダーにDXの熱意があれば、目指すべきところと、今手をか

けるべきポイントが自ずとわかるはずです。①DXを推進しなければならない、②そのための課題が山積している、③課題に優先順位をつけて高いものから手をつける、となるのが健全な取り組みです。

　しかしながら、DXに対する熱意がない場合には、クラウド利用そのものがCCoEのゴールとなってしまいます。すると、CCoEのルールづくりや体制づくりが終わったあとには、「これから何すればいいのだろう？」となってしまうのです。

　本書で何度も述べているように、**クラウド利用を推進してDXの道筋を示すのがCCoEの役割**です。これを常に念頭に置き、熱意を持って行動すれば、このような「迷い」に悩むことは避けられるはずです。

「誰も遊ばない遊園地の案内係」に終始している

　これも根本原因は「リーダーにDXに至るまでの熱意がない」であり、クラウド活用自体がゴールになっているCCoEにありがちなケースです。

　「誰も遊ばない遊園地」とはなんのことでしょう。それは、「ユーザー目線に欠けた、セキュリティ偏重の、使い勝手が悪いルールで運営されているクラウド推進」です。もうおわかりのように、こうしたCCoEも、まず失敗します。使い勝手の悪いルールは多数存在してしまいがちで、それについて「誰も遊ばない遊園地を作っているよね」と揶揄されてしまうのです。

　もう少し具体的に説明しましょう。CCoEはチェックリストやセキュリティルールをたくさん作ったあげく、クラウド活用を希望するユーザー部門に対して、「役所の案内係」のように、「その手続きはこの申請書とチェックリストに必要事項を記入し、セキュリティ部門のレビューを受けてください」と案内するだけ。そして渡され

たチェックリストの項目は異様に多く、そんなこと聞いてどうするの？というものが大半。これではクラウド活用は進みません。

しかし、**一応クラウドは使える状態なので、CCoEの目的は達せられているように感じてしまい、健全な自己否定なく、そのまま放置**、というパターンがこのケースの行く先です。

すべてにおいて内製化が是だと考えている

これも成功事例の裏返しなのですが、内製化にこだわりすぎた結果、失敗しているケースが散見されます。欧米や先進企業では内製化が進んでいる、クラウドにより内製化がしやすくなった、クラウドとアジャイルで内製化しよう——流行りのキーワードを盾に、全部内製化するんだ！という雰囲気は危険です。成功事例で述べたように、戦略的に内製化するのはとても良いことです。差異化要素が強い点やスピードが最重視されるケースは内製化した方がよいでしょう。そうではなく、メリハリをつけずになんでもかんでも内製化していると、すぐリソース不足になります。

一例として次のようなケースをよく見ます。予防・発見・是正的統制を自前で賄おうとして、クラウド活用のリスク調査にCCoEの大半のリソースをつぎ込んだ結果、ほかの仕事ができなくなってクラウド推進自体が滞るというものです。相次いでリリースされるクラウドを用いたサービス（クラウドサービス）をタイムリーにすべて調査するのは至難の業であり、適切なアウトソースを視野に入れるべきでしょう。このケースでは、クラウドサービスのリスク調査にリソースをつぎ込んでいますが、内製リソースを費やしてまで獲得すべきノウハウなのでしょうか？　先に述べたように、会社全体の雰囲気が「何から何まで内製化」であった場合には、このような事態に陥ってしまう危険性は大いにあるのです。

そして、この問題の本質は、経営層とのコミュニケーション不足にあります。内製化せよ！と上から降ってきたのでそれを愚直にやっている、それが立ち行かなくなってリソースが足りなくなってしまったのです。極端な話をすると、ウイルス対策ソフトを内製化する人がいないように、ビジネス面での差異化要素がなく買った方が効率の良いものは購入すればよいのです。CCoEの目的からすると、「ウイルス対策ソフトを作るのが大変でほかに何もできませんでした！」と経営層に報告しても、「よくやった」とは絶対にならないと言えるでしょう。

　経営層としっかりコミュニケーションして意識を合わせること、そのうえで、限りあるリソースを適切に活用することが大切です。

　ここまでCCoEの成功事例と失敗事例を見てみました。成功の秘訣は、やはり強力なリーダーの存在です。きちんとしたリーダーがいれば、経営層とも適切なリレーション（関係）が維持できますし、リソースも適正に使われるでしょう。こういう話を支援先の企業ですると、「うちの会社にそんなスーパーパーソンはいないから、CCoEなんて無理だよ」と言われることがあります。本当にいないのでしょうか？特定の部門にはいない、ならわかりますが、会社全体を見渡してもいない、なんてことがあるのでしょうか？

　DXとはデジタルを利用して、あらゆる顧客体験・従業員体験を変えるものです。デジタル発の行為なのです。会社を変えていくために、その原動力となるCCoEに、ぜひ会社のエースを投入してください。

　次節では、CCoEの成長期／安定期における活用内容について見ていきます。

2-3

成長期・安定期の活用内容

前節2-2では、CCoEの成功事例と失敗事例を見ながら、そのあり方を説明してきました。本節2-3では、主に成長期・安定期にあるCCoEの活動内容を見ていきます。

5つの活動内容

前節までは、主にCCoEの初期（立ち上げ期）を念頭に、そのあり方を述べてきました。ここからは主に「成長期・安定期」のCCoEに焦点を当てて、継続するCCoEの活動内容を説明します。

CCoEのミッションはクラウド推進、および、その先にあるDXの達成です。その目的に向かって、継続的にクラウド推進を行うことがCCoEのミッションです。そのための活動内容を具体的に示すと、次の5点になります。

①教育コンテンツの充実
②クラウド活用およびCCoEの認知度向上
③効果測定
④レガシーシステムとの調和（クラウド案件情報の収集）

⑤技術動向の調査とイグジットプラン（出口戦略）

①教育コンテンツの充実

　DXを継続して推進するためには、全社的なITリテラシーについても継続的な向上が必要です。これは教育コンテンツとなるため、人事部を味方にする必要があります。人事部門を巻き込んで既存の教育コンテンツにクラウド系のトレーニングを盛り込んでいくと効果的です。より具体的には、クラウドベンダーの認定資格を取得給付金の対象とする、クラウド系のテクニカルトレーニングを社内研修制度に取り込む、などが考えられます。世の中のデジタル活用事例をまとめて、研修コンテンツとして展開するのもよいでしょう。

　ここでは、ビジネス部門のITリテラシー向上も見逃してはいけません。ビジネス部門こそがデジタル活用の真のニーズを握っているにもかかわらず、日々の業務に追われて、デジタル系のインプット（スキル習得）はなかなか難しいものです。それでも、放置しておいてはDXが進みません。

　この課題に向き合った、とあるCCoEの面白い取り組みを紹介しましょう。「誰もが知る業界の有名人を招聘し、ビジネス部門向けにデジタル活用事例をプレゼンする」というものです。有名人のセミナーだったこともあり、ビジネス部門からも応募が殺到し、参加者はみな真剣に話を聞いてくれました。こうした細かな工夫の積み重ねで、**ビジネス部門のITリテラシーの底上げと意識改革**がなされていくのです。

②クラウド活用およびCCoEの活動内容の認知度向上

　社内のクラウド活用状況やCCoEの活動内容について、社内の認知度を高めることを怠ってはいけません。

マーケティングのフレームワークに、AIDMA、AISAS、AISCEASというものがあります。どれも最初はAttention（注意）、Interest（興味関心）から始まります。まずは知ってもらわなければ、始まらないのです。クラウド活用も同じです。

　具体的な方策を一例示しましょう。最初にCCoEの活動内容を示すウェブページを作ります。いわゆる「CCoEのポータルサイト」を開設し、社内活用状況やクラウド利用時の手続き、手順、ノウハウなど、ユーザー部門に必要な情報を掲載していきます。

　社内向けクラウド相談会の開催も非常に有効です。クラウド活用の事例がある程度まとまってきたら、外部講演を行うのも効果的です。外部講演は社外向けのプレゼンス向上だけではなく、社内への認知度向上や啓蒙活動にも有効です。例えば、クラウドベンダーが定期的に開催するイベントのユーザー事例枠に登壇してみましょう。そして、クラウドベンダーとタッグを組んで、自社の役員をそのイベントに招待しましょう。可能であれば、登壇する講演の冒頭で挨拶してもらうと良いでしょう。そうすることで、その役員は、他社の登壇者や聴衆に質問されても大丈夫なように、講演内容をきちんと把握してくれるようになります。そうなれば、講演内容に基づいたクラウド活用状況やCCoEの活動内容を社内外に説明して回ってくれるなど、強力なスポークスパーソン（代弁者）になってくれるかもしれません。**「急がば回れ」のごとく、面と向かった単純なブリーフィング（簡易報告）よりも、イベントに巻き込んでステークホルダーになってもらう方が、長期的に支援してもらう近道**になり得ます。

③効果測定

　クラウド活用の効果測定は常に行い、定期的に経営層に報告しま

しょう。効果測定の定義は様々ですが、最低でも下記の数字は抑え
ておきましょう。

・オンプレミスとのコスト比較

　クラウドに更改した案件の、オンプレミス時代の総コストとクラ
ウド後の総コストの比較情報。

・新規案件の構築コスト比較

　新規案件をオンプレミスで構築した場合の見積もりと、クラウド
で構築した実コストの比較情報。

・システムごとの月間クラウド利用料

　クラウドの利用当初から、報告することを前提に、個別案件ごと
の利用料を算出できるようにしておく。

④レガシーシステムとの調和（クラウド案件情報の収集）

　クラウド活用が進んでくると、オンプレミスシステムと連携する
ケースが出てきます。ファイル連携のような軽微なものから、オン
プレミスDB（データーベース）への参照系API（アプリケーション・
プログラミング・インタフェース）をクラウドで構築するといった
難易度が少し高いもの、さらにはクラウドの運用をオンプレミス
チームが引き継ぐといった複雑なものまで、さまざまなケースが起
こり得ます。

　クラウドとオンプレミスの連携で問題になりがちなのが、アジャ
イル的な開発を進めるクラウドチームとウォーターフォール開発で
進めるオンプレミスチーム両者の会話の「プロトコル」、言い換え
れば文化がかみ合わないことです。例えば、クラウドチームが立ち

上げたサービスをオンプレミスチームが引き継ぐといったときに、文化の違いが顕著になりがちです。

　一般にクラウドチームは、引き継ぎを軽めに考えることが多いようです。例えば、設計概念と設計書と全体構成図、パラメーターシートを用いて引き継ぎをしようしますが、これはオンプレミスチームの文化とは合いません。オンプレミスチームは通常、画面キャプチャ付きの構築手順書と、クラウド自体の操作方法の伝授を求めたがるからです。クラウドチームからすると、画面キャプチャ付きの構築手順書を作成するまでは譲歩してやってもいいが、クラウド自体の操作はこのシステム（サービス）には関係ないので（オンプレミスチームが）自分たちで学習すべき、ということになりがちです。一方、オンプレミスチームはクラウドをパッケージソフトのようなものと捉えています。このシステムを作るために必要なパッケージソフトなのだから、使い方の説明は当然してくれるだろうと思っています。

　引き継ぎ時のみならず、さまざまな協力作業において両者の細かなすれ違いは発生し得るため、クラウド活用を普及していく過程で互いに不満が溜まっていくケースは少なくありません。

　クラウドチームとオンプレミスチームで協力し始めた当初は、上記で挙げたような離齬が発生しやすいため、両方の開発手法と文化について理解しているメンバーがプロジェクト内にいるとスムーズに進みることができます。**CCoEの企画・立ち上げ当初から、成長期・安定期でのオンプレミスチームとの協力を見据えて、両方の開発手法・文化に通じたメンバーの参加を検討しておく**とよいでしょう。

⑤技術動向の調査とイグジットプラン（出口戦略）

　ホスト系（メインフレームコンピューター）がオープンシステム

系（クライアント・サーバー・システム）になり、そして、仮想化・クラウドコンピューティングへと進化してきました。今はクラウドが先端と言えますが、いつの日か「クラウドの次」の技術が現れて実用化される可能性は十分にあります。

　CCoEはクラウド活用推進を直接の目的としていますが、クラウドを推奨してさえいれば良いわけではありません。オンプレミスが向いているシステムがあれば、そちらを使うよう促すことも必要ですし、「クラウドの次」の到来に備えて技術動向の調査・学習を日々続けることも必要です。**クラウドを盲信することなく、クラウドを推進する心構えが大切**なのです。

　第2章では、CCoEが必要な理由と具体例について説明しました。最も伝えたいことは、CCoEおける「リーダーの熱意」の重要性です。クラウド推進では、社内組織との対立や、推進方針の対立（例えば、セキュリティと利便性のバランスの取り方）など、さまざまな局面で「見解や意見の衝突」が起こります。それらにCCoEは挫けず、会社の最適解を見つけて推進しなければなりません。それにはやはり、CCoEを率いるリーダーの強烈な熱意が必要になるのです。

第 3 章

CCoEの役割と
運用・発展のポイント

この第3章では、CCoEを実践することを前提に、
求められる役割を説明してから、組織の立ち上げと
運用、発展について見ていく。クラウド活用およびその推進には、
経営層と現場の支援はもとより、社外をも巻き込みながら、
しっかりとしたガバナンスに基づいて
着実に取り組んでいくことが重要であることを示す。

3-1

クラウドを活用した企業変革を担うCCoE

　第1章ですでに見てきたように、あらゆる産業において、DX（デジタルトランスフォーメーション）やイノベーションの推進、そしてワークスタイル変革のために、クラウドの活用が求められています。続く第2章では、クラウド活用を推進するために、CCoEの必要性と企業における活動の実態について見てきました。その過程で、CCoEの成功例だけでなく、理想と現実の乖離といった課題も浮き彫りになりました。この第3章では、**CCoEのベストプラクティス（最善方法）**について考えていきます。

　社会インフラおよびビジネス環境を俯瞰的に見ると、従来の直線的なバリューチェーン型から、デジタルの活用による（業界の垣根を超えた）クロスインダストリー、さらには（国境を超えた）クロスボーダーのモデルへと変容しています。日本のあらゆる機関や企業がDXを推進し、ビジネスを持続的に成長させていくためには、デジタル時代における変革と信頼の構築が不可欠であり、同時にその仕組みを支えるクラウド活用の成否こそが鍵を握っていると言えます。

　こうした状況下のクラウド活用においては、単なるITトランスフォーメーション（ITシステムおよび関連組織の変革）にとどまら

ないDXのためのクラウド活用の推進、まさにクラウドを活用した企業変革も求められています。これを実現する組織および活動内容としてのCCoEのベストプラクティスについて、日本よりも先行している海外、そして経営の視点も織り交ぜながら見ていきましょう。

　最初にお伝えしたいことは、**クラウドを活用した企業変革とは、ビジネスの変革そのもの**ということです。この本質が常に念頭にあれば、いまだに存在するクラウドが支持されない理由、具体的には「必要がない、向かない」「セキュリティに不安がある」「既存システムの改修コストが大きい」「人材が不足している」などは些事と言わざるを得ません。**重要なことは、クラウド活用がビジネスの変革に大きな価値を提供している**ということなのです。

クラウドが変えるビジネス環境

　そもそもクラウドとは、コンピューティング（ハードウェアやソフトウェアによる計算処理能力およびデータ保存能力）のリソース（資源）や、そうしたリソースがもたらすサービスを、ネットワーク経由で利用する形態です。コンピューティングリソースをネットワークで提供するクラウドコンピューティングをはじめ、ITサービスをネットワークで提供するクラウドサービスとして、インフラ系、ストレージ系、コミュニケーション系、アプリ系からSNS（ソーシャルメディア）系までも含まれます。

　スマートフォンやモバイルデバイスの普及により、いつでも、どこからでも、ネットワークにつないでITサービスを利用できる、いわゆるデジタル社会化が急速に進んでいます。そうした**デジタル化の進展とITサービスの多様化により、そこから生成されるデジタル化された大規模なデータを効率的に収集し、分析し、活用して、**

ビジネス活動の成長や変革を実現することが求められています。

IT化における以前からの流れの中で捉えれば、従来は個別のシステムで扱っていたデータをネットワーク経由で一カ所に管理し処理する利用形態、これがクラウドです。クラウドという言葉は、当時米グーグルのCEO（最高経営責任者）を務めていたエリック・シュミット氏が2006年、米国のカリフォルニアで開かれた検索エンジン戦略会議（Search Engine Strategies Conference）で行ったスピーチにおける「データサービスやアーキテクチャはクラウド（雲）のようなサーバー上に存在し、ウェブブラウザの種類も、アクセス手段も、デバイスも関係なくアクセスできる」という発言以降、本格的に広まったとされています。

デジタル化されたデータを扱うべく投資を拡大しているクラウド事業者（プラットフォーマー）が、市場におけるプレゼンスを発揮しているとともに、彼らが提供するサービスや機能も、たくさんのユーザーからのフィードバックをもとに日々大きく進化しています。

クラウド活用がもたらすデータとデジタル技術の恩恵により、コンシューマライゼーション（消費者向け製品やサービスを企業などの組織が利用すること）も発生しています。即時性や利便性が低く画一的な従来の企業向けサービスに変わって、消費者向けクラウドサービスが注目を集めているわけです。

東日本大震災が転換期だった日本のクラウド

日本では米国や中国に存在するようなプラットフォーマーは存在しません。そのためもあって、日本におけるクラウドの普及は遅れがちであると言えます。その普及の過程を振り返ると、特に2011年

3月11日に発生した東日本大震災が大きな転換期だったと思います。

地震発生の数時間後に災害対応のサービスがクラウドによって立ち上がり、数日後には多数の被災者向けの義援金、救援支援、情報支援などのサービスがクラウドによって本格始動していきました。

迅速な立ち上げを可能にしたクラウドのスピード、スケーラビリティ、そしてコストメリットといった特徴が一部の人に認識され、先進的な企業でのクラウドの普及につながっていきました。この動きが継続して波及することにより、最近では、ビジネスのアジリティ（機敏性）を高めたり、変革を実現するために、クラウドを活用したり活用を前向きに検討したりする企業が増えてきています。

こうした企業においては、**クラウド活用を推進する組織や機能となるCCoEを形成して、積極的な展開と適切なガバナンスを推し進め、バランスの取れたクラウド活用を実現している**ところも出てきています。

こうした日本の現況を大まかに捉えたうえで、クラウド活用で先行している海外企業との違いを考えてみましょう。そこからCCoEを実践していくためのポイントが見えてきます。

クラウド後進国の日本でも普及が加速

名だたるプラットフォーマーを生み出している米国の政府は、2010年に「クラウドファースト」のポリシーを発表してクラウド活用の推進と制度の対応を図ると同時に、民間企業との連携やイノベーションの促進も行っています。翻って日本では、政府が米国の「クラウドファースト」にあたる「クラウド・バイ・デフォルト原則」の方針を発表したのは2017年でした。一部の大手の民間企業で「クラウドファースト」を宣言する企業が現れたのもその頃です。

クラウド活用の推進において日本では、米国と比較して7年から10年ほど、積極的に取り組みを開始し始めた時期が遅れています。特に諸外国の中でも米国においてクラウドの活用が進んだ理由は、オバマ政権下（2009 - 2017年）に、国内プラットフォーマーなどとも連携し、技術研究開発への投資とIT政策を積極的に推進したことです。これにより、官民ともにDXの推進とクラウドの活用が進みました。

　実は、こうした素早い動きは、米国だけではありません。英国は2011年に、そして豪州は2014年に、「クラウドファースト」のポリシーを発表しています。欧州やアジアの海外の政府でも同種の発表がなされ、官民によるクラウド活用の加速につながっています。

　日本は海外のクラウド先進国の後塵を拝しつつも、「クラウド・バイ・デフォルト原則」方針の発表以降、クラウド活用の検討プロセス、調達プロセス、選定プロセス（安全性、効率性、技術革新性、柔軟性、可用性などの観点から正しいクラウドを選定すること）が整備されてきています。特に安全性においては「政府情報システムのためのセキュリティ評価制度（Information system Security Management and Assessment Program、通称ISMAP）」というクラウドサービスの安全性評価の審査・認定プログラムの運用を開始しており、このプログラムで認定を受けたクラウドサービスの登録が始まっています。このISMAPについては、政府情報システムの調達のみならず、将来的には重要産業分野などをはじめとする民間においても、活用を推奨していくことが検討されています。

　米国では、「米国政府機関におけるクラウドセキュリティ認証制度（Federal Risk and Authorization Management Program、通称FedRAMP）」という同様の審査・認定プログラムを、ISMAP（2020年）に先立つ2011年から開始しています。政府機関のみならず、上

場企業の半数以上が、重要な領域にはFedRAMPで認定済みのクラウドサービスのみを利用するといった状況です。

　責任分界（クラウド事業者と利用者における責任範囲）でいうところの、クラウド事業者の責任領域におけるセキュリティへの不安は、クラウドの活用の大きな障壁になっていました。**ISMAPのような制度が確立されることで、海外クラウド先進国と同様に、日本においてもクラウド活用およびその推進が加速する見通しです。**

　ここ数年、クラウド関連の記事などで、日本がクラウド後進国、あるいはクラウド抵抗国であるという言葉をよく見かけました。その大きな要因は、政府主導による積極的な推進が弱かったことだと言えるでしょう。具体的には、以下のような要素です。

• 政府主導によるDXやクラウド活用の推進へのリーダーシップが欠如していたこと
• 従来の商習慣から脱却できずに変化へ対応できなかったこと
• 官民連携がなされていなかったこと

　こうした状況に危機感を感じた一部の政府主導者や民間によって、今まさに本格的な政府のDX推進組織が立ち上がり、いよいよDXとともにクラウド活用の推進、そしてそのための官民連携が始まったところです。

　それでも日本においては、商習慣や社会的なバイアスによって、クラウドの導入には「障壁」があります。具体的には、SIer（システムインテグレーター）への高依存性、クラウドへの低支出（独自にカスタマイズされたシステムへの運用・保守費用の支出が高いため）、クラウド人材の不足などです。ただし、海外においても、クラウドの導入には、同様の障壁がありました。ですので、海外クラウド先進国でのCCoEのベストプラクティスを学ぶことは大いに役立つでしょう。すでに学んでいる日本の組織も少なくはありません。

CCoEのベストプラクティスで重要視すべきこと

　私は、海外クラウド先進国でクラウド活用の推進に成功している政府機関や金融機関を調査したことがあります。その経験に基づいて言えば、成功している組織には、大きな共通点があります。

　それは、**クラウド活用の推進を行うのは人であり、その推進者が何よりも重要であること**です。特に、クラウド活用推進を使命と捉え、強力なリーダーシップを発揮する推進者の存在が大きいのです。推進者は、実現に向けての強力な権限、そして、周囲を巻き込んで彼らのマインドを変える熱意と力を備えている必要があります。この推進者を支えるビジネスとテクノロジーのリエイゾン（組織間の調整役）の存在も重要です。クラウド活用の推進においては、抵抗

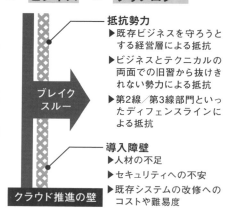

図1：クラウド推進の壁を突破（ブレイクスルー）する。クラウド推進に成功する大きな要因は、クラウド化を使命と捉え、強力なリーダーシップを持つ推進者の存在がある

勢力や導入障壁といった壁が存在します。そのため、調整役は、ロジカルに説明して調整を行い、一つひとつクラウド推進の壁を突破していく必要があるのです（図1）。

　調整役としての具体的な役割は、ビジネス分野かテクノロジー分野かで異なります。**ビジネス分野での調整役の役割は、クラウドについての知識が必ずしも十分ではない経営層や各部門に、クラウドのメリットやリスクを正しく説明し、理解してもらうことです。**ビジネス上、クラウド活用およびその推進が、組織にどのような効果をもたらすのか、活用しないことでどのような機会損失が想定され得るのか、ITリスクを含めどのようなリスクが伴うのかを、正しく説明し、理解してもらうことが重要です。

　テクノロジー分野での役割は、既存のIT環境に関する知識とクラウドの知識の両方の知識を有し、オンプレミスとクラウドの両方の知見による橋渡しを行うことです。クラウド活用により新たに実現できること、あるいは考慮すべきことを技術的な側面から検討します。クラウドの専門知識を持つ数少ない人材（クラウド人材）の知見やクラウド関連情報を共有しやすくし、新たなクラウド人材の発掘と育成を図る必要もあります。

　クラウド活用を推進するためには、経営層や関連部門がクラウドを正しく理解して活用の可否を判断できるだけの、十分かつわかりやすい情報や知識を提供できる推進者と、その推進者をサポートする調整役（ビジネス分野およびテクノロジー分野）の存在が必要不可欠なのです。

いかにしてCCoEを立ち上げ、運用していくのか

　前節の3-1では、DXのためのクラウド活用の推進、クラウドを活用した企業変革、海外クラウド先進国におけるCCoEのベストプラクティスの重要性について述べました。クラウド活用を推進するにあたり、日本企業の多くが課題を抱えています。クラウド活用を適切に推し進めるには、こうした課題に対し部門ごとに個別に検討して対応するのではなく、企業全体で取り組んでいく必要があります。本節3-2では、課題対応を紹介してから、CCoEをいかに立ち上げるか、その運用をいかに継続していくのかについて見ていきます。

CCoEに向けての課題

　クラウド活用の推進で想定される課題は、主に4つの分野「戦略」「組織」「人材」「文化」に関するものに大別できます。それぞれについて典型的な課題事項を提示します。

①「戦略」に関する課題
- クラウド活用によるビジネス価値創出について、具体的な指針を示すビジョンと戦略が描けていない。

- ゆえに、部分的にしかクラウド活用がなされておらず、企業全体での取り組みに発展しない。

②「組織」に関する課題

- 部門横断での新しい取り組みが組織の壁により進まず、コミュニケーションコストが増大している。
- 既存のプロセスと枠組みの範囲内でクラウド活用を進めており、クラウドの効果が得られていない。

③「人材」に関する課題

- そもそも日本国内において、クラウド活用を適切に実現できる「デジタル人材」は数十万人不足しており、今後はさらに不足する見通しである。
- デジタル人材の報酬は上昇傾向にあり、外部から調達するには人事制度自体を見直す必要がある。
- デジタル人材の社内育成は、従来型のIT人材とはケイパビリティ（能力、強み）が異なるため、困難である。

④「文化」に関する課題

- 従来のセクショナリズムや成功体験に引きずられて、クラウド活用に適した文化に変化できない。
- ゆえに、クラウド活用を推進していくモチベーションが向上せず、事業部門からの抵抗を受けて取り組み自体が進まない。

課題を乗り越えるには？

こうした「戦略」「組織」「人材」「文化」に関する課題を乗り越え

るには、CCoEを支える経営層や組織の方針や支援が重要です。

　「戦略」と「組織」については、**経営層がクラウド活用の推進を担うCCoEにコミットをすることが不可欠**です。CCoEを支える担当役員に強力な権限と予算の割り当てを行ったうえで、企業戦略とクラウド展開を合致させて、CCoEの活動を支援します。前節で述べたことの繰り返しになりますが、CCoEは（クラウド活用推進の真の目的である）ビジネス変革を推進するリーダーシップを発揮しなければなりません。そのためには経営層によるコミットと支援が必要なのです。

　「人材」と「文化」については、**人事評価の仕組みと新しいチャレンジを支援する環境が重要**です。特にCCoEの形態では、バーチャルや（複数部門で構成される）クロスファンクショナルな組織横断型チームとして設置される場合が多くなっています。だからこそ、CCoEの活動が決して片手間なものやボランティア（自主的）なものとならないよう、人事評価と連動させる仕組みが必要になります。

　日本の企業ではジョブローテーションを採用しているところも多く、特に政府機関や金融機関では、1年半から3年程度で人事異動がなされるのが一般的です。ジョブローテーションは、多様な視野や知識を身につけること、人的ネットワークの構築、同じ仕事を長くさせないことによる不正防止などの目的もありますが、逆に新しいチャレンジへの障壁となっているケースも見受けられます。

　現状、クラウド活用の推進は、新しいチャレンジであることが多く、例えば異動を控えたような人や引退が近い人は、新しいチャレンジに前向きになれない場合もあります。だからこそ、**失敗を恐れずに済む環境であることが大事**です。

　具体的には、リーンスタートアップに準じたアジャイル（機敏）な組織運営にすることで、人材のマインドや組織全体の文化を、新

しいチャレンジに対して前向きにします。クラウド活用の推進を、「やらなければいけないこと」から「チャレンジして当然のこと」に変えるのです。

このための一助として、クラウド関連のコンソーシアムやユーザー会といった外部のコミュニティを活用するのも有効です。特にコミュニティには、多様性があるうえ、クラウドに積極的な姿勢を持つ人が多いため、技術面の知識やスキルの共有だけでなく、幅広い視野に基づいたクラウド化の知見が得られるでしょう。また、こうした人材がいることは、組織文化の変革という観点からも、大いにありがたいものです。

CCoEを設けるときの3形態

それでは、CCoEの立ち上げに向けて、その設置形態、役員や外部SIerとのかかわり方、体制について、主に3つのパターンを見ていきましょう。いずれかのパターンがより優れているというものではなく、組織の置かれている環境や状況に合わせて設置形態を検討しなくてはなりません（図1）。

❶独立型

異動（社内から）と採用（社外から）により、専任チームを組成する形態です。

経営におけるDXに対するビジョンの早期実現を図るために、ガバナンス、意識改革、ビジネスとアーキテクチャの設計を行い、組織に展開します。DX推進部門と協力し、クラウド化を推進します。デジタル人材が不足している日本においては、参考となる事例は非常に少なく、専任者の配置が課題となります。

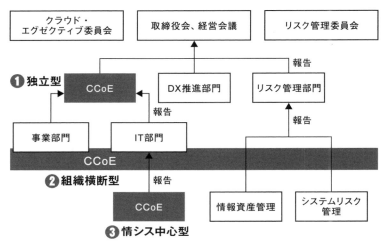

図1：CCoEの設置形態。❶独立型、❷組織横断型、❸情シス中心型がある

❷組織横断型

　事業部門、IT部門、リスク管理部門からなる組織横断により、チームを組成する形態です。

　クラウド展開に必要となる役割を各部門が手分けして担い、主に新規事業を中心に、クラウド化を推進します。日本においては、このパターンでの成功事例がとりわけ多く聞こえてきます。それは、やはり、事業部門やIT部門といった既存の枠組みを超えて、全社課題として捉えて推進していくことが一つの解になっていることの証左なのかもしれません。

❸情シス（IT部門）中心型

　情報システムの配下もしくは情シス子会社にチームを組成する形態です。クラウド人材の育成、セキュリティやリスク管理、クラウドのアーキテクチャ設計に重きを置いてクラウド化を推進します。

特に日本では、この情シス中心型でCCoEを組成している事例が
もっとも多いようです。ただし、情シス中心型で、DXを前提とし
たクラウド活用の推進に成功しているケースは、少ないのが実情で
す。その理由は、事業部門の思いをくみ取れない、既存ITの制約
から脱却できない、どうしても運用重視で守り偏重となりがち、と
いった情シス部門の限界が考えられます。

運用時における経営層およびSIerとの関係性

　CCoEを立ち上げたあとの運用時においても、経営層およびSIer
との関係性は重要です。CCoEという組織が成長していくためには、
彼らの支援や協力が欠かせません。

経営層との関係性

　社内においては、経営層が継続して、クラウド活用およびその推
進に関する役割や責任を果たす体制が求められます。海外のクラウ
ド先進企業などでは、クラウド・エグゼクティブ委員会のような会
議体を設置して、推進中のクラウド関連プロジェクトについて進捗
状況や課題を確認する事例が多くあります。

　会議には、CIO（最高情報責任者）、CDO（最高デジタル責任者）、
CTO（最高テクノロジー責任者）、CISO（最高情報セキュリティ責
任者）といった関係する執行責任役職者に加え、CCoEの推進リー
ダーや関連する事業部門のリーダーなどが参加し、クラウド戦略と
その目標についての計画と成熟度のモニタリングを行います。

SIerとの関係性

　日本ではクラウド人材が不足しているため、CCoEの体制にうま

く外部のコンサルタントやSIerを関与させていかなくてはなりません。その一方で、既存のSIerが最大の抵抗勢力になり得るケースもあります。

既存のSIerが抵抗勢力になり得る主なパターンは2つあります。一つは、既存のSIerが運用保守のビジネス領域を守ろうとしてクラウドに行けないケース。もう一つは、CCoEが活用したいクラウドが、既存SIerの推奨するクラウドに合致していないケースです。場合によっては、抵抗勢力になってしまった既存SIerを変える必要も出てきます。

既存サービスのビジネスロジックやシステムの状況をSIerの顧客となる企業が把握しておらず、運用保守もすべてSIer頼みのケースも多いようです。こうした場合には、SIerとの関係性を見直さなければなりません。その取り組みは簡単ではありませんが、**CCoEは、SIerありきで成り立ってきた日本のシステム導入、運用保守、そして、IT投資の大部分が運用保守に占められている現状の構造変革を、SIerと協働して変革する役割も担っている**のです。

既存SIerの協力を得られない場合は、段階的に調整をしていくことで、脱却を図っていくアプローチが有効です。ただしその場合も、協力を得られないSIerから直ちに脱却するのではなく、なるべく協調しながら時間をかけて関係性を変えていく方がよい場合も多々あります。

既存あるいは新規にかかわらず、SIerとの信頼関係は、ビジネスパートナーとして、とても重要です。どのような投資をして歩み寄れば企業（顧客）とSIerが一緒に成長できるか、中期的なクラウド戦略に基づいて双方の経営層レベルで対話する機会が必要と考えます。また、企業がロードマップに基づいて、SIerのチャレンジする領域を取捨選択して決めるなどの取り組みも必要だと思います。

クラウドのメリットの一つ、アジャイル型の開発アプローチを生かしてSIerとの関係性を見直すのも手です。PoC（概念実証）を実施し、実現可能性を検証し、影響の少ない部分からプロトタイプの運用を開始し、クラウドのメリットである伸縮性を最大限に活用して、本番サービスにアップグレードしていきます。これを繰り返して、協力を得られない既存のSIerから脱却し、新たなSIerと協働することで新しいシステムを構築していくと同時に、組織のアジリティ（機敏性）を高めることが可能となります。

継続するための活用内容

　こうして経営層およびSIerとの適切な関係を構築できたCCoEが成長を続けるには、どうしたらいいのでしょうか。

　繰り返しになりますが、ここでも経営層が果たすべき役割や責任を明確にすると同時に、経営層がクラウド活用に関する役割や責任を果たしていくことが前提となります。

　そのうえで、CCoEは、クラウド戦略とその目標に基づき、体制と機能と責任範囲を確立します。クラウド活用を継続して推進していくうえで、自らの責任範囲と権限に過不足がないか、あるいは特定の人物に過度に責任が集約していないか、などについて、適時に調整を行いながら、ガバナンス（統治、支配、管理）力と実践力を組織の能力として落とし込み、定着させるようにします。 また、クラウドの利用者である事業部門などからのフィードバックを得て、ケイパビリティ（能力）やナレッジ（知見）を継続して高めていくようにします（図2）。

　また、クラウド活用の推進にはメリットがある一方で、クラウド特有のリスクも伴います。リスク対策に充てられる予算や人的リ

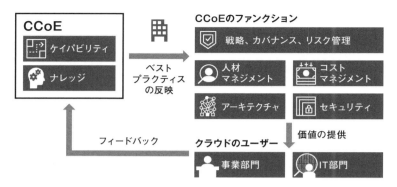

図2：CCoEの活動内容

ソースなども限られますので、それらをどのようにして適切に割り当てるか、および、そのリスク対策の適切性をどのように検証するのか、などをCCoEが担うことになります。

　以上を踏まえたうえで、CCoEが果たす役割について、その組織の立ち上げと運用を考慮しながら、あらためてまとめてみましょう。

　CCoEは、クラウドに関する技術や最新動向を収集、蓄積し、人材マネジメント、コストマネジメントを行うと同時に、関連技術および組織がクラウドを安心安全に使うためのセキュリティの検証を行い、ベストプラクティスに反映し、クラウドの利活用者である事業部門とIT部門に対して、専門的知見・技術的知見からワンストップでサポートを提供するなど、中核機能の役割を担っています。

　クラウド活用の推進に必要な役割をCCoEが担い、クラウドの利用者との間での円滑なコミュニケーションの促進を図ることで、ケイパビリティやナレッジを継続して高めていきます。

　なお、戦略とガバナンスとリスク管理、人材マネジメント、コス

トマネジメント、アーキテクチャ、セキュリティといったCCoEの
ファンクション（機能）として必要な対応について、巻末にチェッ
クリストを用意しました。ぜひ、お役立てください。ただし、必ず
しも、これらのすべてがファンクションとして過不足がないという
ものでもなければ、適切であるというものでもありません。CCoE
は、クラウドの戦略と目標、そして組織の置かれている環境や状況
に合わせてファンクションを検討し、クラウドの利活用の推進を支
援するものであることをご理解いただけたら幸いです。

3-3

CCoEの効果測定と
発展について

　本節3-3では、CCoEの効果について見ていきます。CCoEを立ち上げて運用し続けていく過程で、その効果を経営層などから問われます。DXを達成するための重責を担っているCCoEだからこそ、「どんな効果があったのか？」「何がよくなったのか？」について、適切に説明していくことが求められます。

コスト面・ビジネス面での効果

　クラウド活用推進とその組織運営を進めていくうえで、コストとビジネスの両面で見込まれる効果は、重要な検討事項となります。費用対効果に関しては、前節1-1で述べた「**過去にIT業界で大きなトレンドとなったものはシンプルにコスト削減効果が期待できるもの**」という観点からも、クラウド活用の成否を問う重要な項目になります。

コスト面での効果

　コストに関しては、次のように捉えることができます。
　主にオンプレミスで構成される既存システムでの次の項目、

ソフトウェア、ハードウェア、カスタマイズ費用、運用費用、
　　トレーニング費用、人件費

に対して、クラウドに関する次の項目を比較します。

　　従量課金費用、移行および導入費用、トレーニング費用、人件費

　より細かく見ると、クラウドで見込まれるコスト効果は多岐にわたります。**サーバー調達コストの抑制、サービスの成長やリクエスト増加への柔軟なコストコントロール、開発時やテスト環境構築時のコスト抑制、バックアップ・セキュリティ対策など含めたシステム運用の人的リソースの抑制**、などです。

ビジネス面での効果

　ビジネス面で見込める効果は、経営層にとっては最も大きな関心事になります。前述したコスト面での効果よりも重視される場合が多いでしょう。

　海外のクラウト先進企業では、必ずしもコスト削減の効果だけを期待しているわけではなく、スピード、機能性、アジリティ（機敏性）の高さにメリットを感じて、「短時間で市場にサービスを投入できる」技術として、クラウド活用を推進しているところが多いようです。そして、こうしたビジネス面での効果を、経営層に正しく説明していくことがCCoEの役割になっています。

　では、どうすればビジネス面でのコスト効果を提示できるのでしょうか。

　ここでは、従来のやり方だけでは通用しません。従来はビジネス戦略に基づいた（ビジネスの）予算を確定し、その実現に必要なIT予算を確保するのが一般的でした。また、確保したIT予算も比較的変動のないIT計画およびウォーターフォール型によるITプロ

ジェクトで管理されていました。ビジネス予算とIT予算を分けて管理するのが一般的だったのです。

　しかしながら、DXやそのためのクラウド活用の推進においては、**ビジネスのアジリティに即してIT予算を組んだり、ビジネスのポートフォリオとITのポートフォリオを紐づけて一体としてコストを管理したりする必要が出てきており、CCoEがその設計を担うケース**も見られるようになっています。ビジネスとIT（クラウド）をより密接に関連づけて予算を組むことが、ビジネス面でのコスト効果を測るうえで重要になっているのです。

CCoEが軌道に乗った後に検討すべきこと

　前節で述べてきたように、CCoEの設置と運営が軌道に乗ったあとも、CCoEはクラウド活用の中核機能として最新動向を常に収集し、ケイパビリティ（能力）やナレッジ（知見）を高め、継続的にその役割を担っていかなければなりません。

　ここでも、海外のクラウド先進事例は参考になります。海外でクラウド活用推進に成功した企業は、クラウドネイティブ、マルチクラウド、イグジットプラン（出口戦略）の検討といった取り組みを行っています。

クラウドネイティブ

　クラウドファーストとクラウドネイティブという言葉は、よく混同されるようです。クラウドファーストは、システムを構築する際、クラウド活用を優先して検討することです。一方のクラウドネイティブは、クラウドの利点を最大限に活用した技術と設計思想に基づいて最適化することで、DXやビジネスのアジリティに対応し、

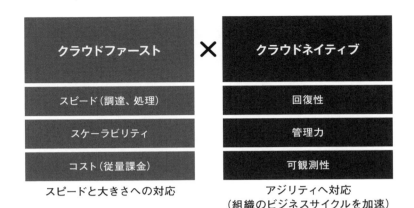

図1：クラウドファーストとクラウドネイティブ。クラウド利用を第一に検討するクラウドファーストに加えて、クラウド上での構築・運用を前提とした設計思想であるクラウドネイティブを取り入れることで、クラウドを最大限に活用できる

組織のビジネスサイクルを加速することです（図1）。

　既存システムを従来の技術やアーキテクチャを温存したままでクラウドに移行するのは、あくまでクラウドのスピードやスケーラビリティ、コストのアドバンテージを得るだけにすぎません。言い換えれば、クラウドの特徴を生かし切ることはできません。**DXに必要なのは企業のビジネスサイクルを加速することですから、CCoEの運用が進んだいずれかの段階で、クラウドネイティブに取り組んでみることが必須**です。

　海外の事例では、企業のクラウドを活用した企業変革のロードマップを評価するうえで、開発と運用のシームレスな連携をめざすDevOpsや、開発とテストそしてデプロイを自動化するCI/CD（継続的インテグレーション/継続的デリバリー）を検討し、クラウドネイティブによって中期的なクラウド戦略を描けているかを評価するケースもあります。

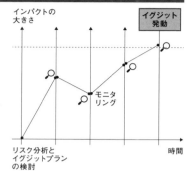

ブレーキ機能　＝　リスク分析、イグジットプラン、モニタリング

イグジット発動シナリオ（例）
▶ クラウドサービスの終了
▶ クラウド利用料金の上昇
▶ テクノロジーの依存、など

イグジット手法（例）
▶ **新技術の利用**
　サーバーレス、コンテといった新技術によるモビリティの向上でマルチクラウドやオンプレミス回帰にも対応
▶ **開発と運用の自動化**
　DevOpsやCI/CDパイプライアンによる基盤に依存しない開発と運用のプロセスを実現

図2：モニタリングに基づいたリスク分析とイグジット（出口戦略）プラン。クラウド化を検討する際にはブレーキの機能として、リスク分析とイグジットプランを考える

マルチクラウド

　優れた技術や適材適所におけるクラウド活用のため、そしてベンダーロックインの回避のため、マルチクラウドを検討する必要性も出てきます。

　複数のクラウドサービス／ベンダーを組み合わせて適切に運用するマルチクラウドの導入にあたっては、それぞれのクラウドの機能性やセキュリティ、コストを十分に比較することは、当然のことながら大切です。ただし、**マルチクラウド化に際しては、既存のプライマリクラウド（主流としているクラウド）での運用を固めてから、上記項目を比較してメリットが見込めるところから手を付けるやり方が有効**です。

　マルチクラウドには、ベンダーロックインの回避以外にも、取り組む価値があります。例えば、利用しているクラウドサービスの終了、クラウド利用料金の上昇、過度のテクノロジー依存、新規テク

ノロジーの選択、クラウドサービスの利用制限（法令・規制の変化）などにも備えて、重要なシステムについては、コンテナベースで開発を行い、異なるクラウド事業者への移行性を高めるアプローチを検討・準備しておくわけです。個々の企業におけるクラウド活用の進捗状況にもよりますが、プライマリクラウドの活用に猛進しているときこそ、その反動を見据えたブレーキ機能として、モニタリングに基づいたリスク分析とイグジットプランを考えておく必要があるとも言えます（図2）。

　ここで強調しておきたいのは、必ずしもクラウドが万能ということではないということです。クラウドの特徴である「手軽に使えて、高い機能性を生み出す、変化の多いサービス」は、使い方を誤ったり知識が不足したりしていると、セキュリティの欠如や、ビジネスに重大な悪影響を及ぼすインシデント（事態）をもたらす恐れがあります。だからこそ、クラウド活用およびその推進には、しっかりとしたガバナンスに基づいて十分な検討を行いつつ、着実に取り組んでいくことが重要なのです。

　繰り返しになりますが、クラウド活用の推進を行うのは人であり、外部のSIerも含めたクラウド人材の適切な育成と活用が成否の鍵を握ります。CCoEを中核機能に、クラウド活用に関する成熟度のモニタリングを行い、社内人材の経験と知見を積み重ねつつ、DX推進へチャレンジいただければ幸いです。

第 **4** 章

第1部まとめ

第1部ではこれまで、さまざまなCCoEを支援してきた
著者（第1章：遠山、第2章：伊藤、第3章：饒村）による
CCoEのあり方を、主に俯瞰的な視点から説明してきた。
これらの説明は、読者の皆さんにはどのように映っただろうか。
この第4章ではユーザー企業での経験も多い著者（黒須）が、
当事者目線、言い換えれば、「では、自分たちはどうすればいいのか」
という観点を交えながら、第1部を総括する。

まとめ

CCoEに唯一無二の
正解はない

　第1部を読み終えた今、多様なご意見・ご感想をお持ちのことでしょう。

「CCoEがどういうものなのかを理解できた」

「すぐに自社で取り組みを始めてみようと思った」

など、ポジティブな感想を持っていただけたのなら嬉しく思います。

　反対に、

「自社では取り組むことが難しく感じた」

「すでに取り組んでいることばかりだ」

など、ネガティブなご意見もあるかと思います。内容に対してネガティブであるという点で著者としては申し訳なく思うと同時に、次のようにも考えます。

　「自社では取り組むことが難しく感じた」は、「それほどハードルの高い取り組みではあるが、実現できたときの組織インパクトは大きい」と言えますし、「CCoEの形態は業種業態によって多様であって然るべきものであり、自社に合ったペースで少しずつ取り組めば、いずれ良い結果につながっていく」とも言えるでしょう。

　「すでに取り組んでいることばかりだ」という感想については、「クラウド活用がある程度達成されている（おおよそ日本市場にお

いては先進的なDXの道筋に乗っている）ので、さらなる展開を推し進めれば良い」と言えるでしょう。

　皆さんがお持ちになった感想一つひとつは、すべてが正しく、自組織の現在を投影しているものですから、その感想からもヒントが得られると思います。何らかの感想を持たれたうえで、以下で第1部の内容を振り返って整理することで、「自分は（自組織は）どうあるべきか」に対する理解を深めていただければ幸いです。

CCoEを立ち上げて運営するための共通認識

　第1部の著者は皆、CCoEのエキスパートであり、実践者でもあります。深く大手企業に入り込み、その担当者としてCCoEの立ち上げと運営に尽力し、その過程で数多くの失敗も経験してきた人たちです。では、そのエキスパートである彼らが論じていた項目や成功の鍵として挙げていた点を整理し、「CCoEを立ち上げて継続して運営する」ための要件とは何か？を考えてみましょう。

1. 現状把握フェーズ（組織の状態、自分の立場）

a. クラウド活用に着手はしたものの、「クラウドの良さを活かしきれていない」「クラウド活用が想定より進まない」といった企業が多いのではないでしょうか。そのような企業では「人材育成が必要」という根源的な部分に帰着し立往生しがちですが、それ以外にも課題が潜んでいるように感じます。（1-2）

b. （ルール）整備を始めてみると、想定していなかった「落とし穴」にはまることがあります。それは、協力を見込んでいた主管部門に拒否される事態です。（2-1）

c. 日本は海外のクラウド先進国の後塵を拝しつつも、「クラウド・バ

イ・デフォルト原則」方針の発表以降、クラウド活用の検討プロセス、調達プロセス、選定プロセス(安全性、効率性、技術革新性、柔軟性、可用性などの観点から正しいクラウドを選定すること)が整備されてきています。(3-1)

d. 日本においては、商習慣や社会的なバイアスによって、クラウドの導入には「障壁」があります。具体的には、SIer(システムインテグレーター)への高依存性、クラウドへの低支出(独自にカスタマイズされたシステムへの運用・保守費用の支出が高いため)、クラウド人材の不足などです。(3-1)

　まずは、現状把握フェーズです。クラウド活用に乗り出した企業の担当者を待ち受ける壁の数々（ルール整備、ガバナンス体制の構築、調達プロセス変革、そして、そのいずれにもかかわる社内外ステークホルダーとの交渉、など）は、いずれも高く、超えるのは容易なことではありません。そのため、このフェーズで心がけることは、**手を取り合って進んでいく協力者を見極める（誰が協力者で、どのように手を取り合って進んでいくのかを見いだす）、そして何を解決していくのかを明らかにしていく**、の2点です。

2. ゴール設定フェーズ（短期、あるいは長期の目標）

a. クラウド活用により組織も変わり得ますが、いつの時代も変化に対しては一定の抵抗が存在します。この抵抗力の強さは企業文化・企業規模などにより異なりますが、動摩擦係数と静摩擦係数の関係のようにいったん動き出してしまえばその抵抗は徐々に薄れていきます。まずは小さく、そして少しずつでも良いので、変化し続けていくことが重要になるでしょう。(1-1)

b. クラウドは常に進化し続けるため、整備した仕組みやプロセスが

すぐに陳腐化してしまう（1-2）

c. CCoEは、クラウド戦略とその目標に基づき、体制と機能と責任範囲を確立します。クラウド活用を継続して推進していくうえで、自らの責任範囲と権限に過不足がないか、あるいは特定の人物に過度に責任が集約していないか、などについて、適時に調整を行いながら、ガバナンス（統治、支配、管理）力と実践力を組織の能力として落とし込み、定着させるようにします。（3-2）

d. DXに必要なのは企業のビジネスサイクルを加速することですから、CCoEの運用が進んだいずれかの段階で、クラウドネイティブに取り組んでみることが必要です。（3-3）

　ゴール設定に関しては、すべてを揃えてからCCoEを立ち上げてクラウド活用に乗り出すのではなく、**スモールスタートで自社に存在する小さな課題から対応していくアプローチが有効であること**が述べられています。また、短期的に対応するべきはそのガバナンスやリスク管理体制の整備であり、長期的にはDevOps、CI/CD（継続的インテグレーション/継続的デリバリー）、クラウドネイティブまで見据えた戦略との整合性の取れた活動計画が必要であることが指摘されています。

3. CCoE立ち上げフェーズ
（リーダー像、ステークホルダーの巻き込み、攻めと守り）

a. IT部門が中心になり既存資産を有効活用したクラウド領域を整備した結果、事業部門が思い描くクラウドネイティブの世界観との乖離が生じ、事業部門側で独自にクラウドを調達してサービス開発を進めるといった事例（シャドーIT化）が散見されます。（1-2）

b. IT部門だけでクラウド活用を推進した結果、守りの役割の比重が

高くなりクラウドのメリットを享受できていない事例も散見されます。クラウド推進には、クラウドを安全に使いこなすという視点以外に、「クラウドを自社ビジネスに活用する」という視点が重要になります。(1-2)

c. 個別の障壁を突破し、全社最適の目線で会話をするためには、複数組織を横串にして会話することや、経営層による高い目線と後押しが重要 (2-1)

d. 「DXのモチベーション」が欠けたまま、情報システム部門やリスク管理部門のステークホルダーだけでクラウド利用の整備を進めると、極端にセキュリティに重きを置いたルールができてしまいがちです。(2-1)

e. 特定の部門の立場に偏重することなく、会社のためにどうあるべきかを考えた高い視座に基づいてクラウド推進に取り組む姿勢は、ほかのCCoE担当者にも支持され、CCoEが一体となって全社最適を目指していくようになりました。リーダーシップを発揮して周囲を巻き込んでいくためには、こうした視点・姿勢が必要なのです。(2-2)

f. クラウド活用の推進を行うのは人であり、その推進者が何よりも重要である (3-1)

g. 情シス中心型で、DXを前提としたクラウド活用の推進に成功しているケースは少ないのが実情です。その理由は、事業部門の思いをくみ取れない、既存ITの制約から脱却できない、どうしても運用重視で守り偏重となりがち、といったIT部門の限界が考えられます。(3-2)

h. 既存サービスのビジネスロジックやシステムの状況をSIerの顧客となる企業が把握しておらず、運用保守もすべてSIer頼みのケースも多いようです。こうした場合には、SIerとの関係性を見直さ

なければなりません。その取り組みは簡単ではありませんが、CCoEは、SIerありきで成り立ってきた日本のシステム導入、運用保守、そして、IT投資の大部分が運用保守に占められている現状の構造変革を、SIerと協働して変革する役割も担っているのです。(3-2)

　CCoE立ち上げ時によく課題となるのが「誰をメンバーにするか？」です。特に日本の大手企業では業務のサイロ化が進んでいることもあり、IT部門が中心になって組織を立ち上げることが多くなっています。しかしながら、第1部では一貫して「**ユーザー部門（事業部門）も参画させよ**」と提言しています。柔軟な組織づくりが求められるという点で、CCoEは従来の企業組織形態に一石を投じる流れとも言えます。

　さらに、CCoEを率いるリーダーについては、**その役割（クラウド活用推進とDX達成）への情熱**が大きなキーポイントとなります。そうした人物を起用できるか否かがCCoEの成否を分けるといっても過言ではありません。

　ステークホルダーとしてのSIer（外部開発、運用の委託先としての）各社は、既得権益を守る敵としてではなく、**共にクラウド活用推進、および、その先のDXへと歩んでいくパートナー**として捉えるべき、ということも大事なポイントです。

4. CCoE運用フェーズ
（プレゼンス向上、責任の所在、人材育成）

a. 予防的統制（クラウド操作権限の管理）に加え、発見的統制（意図しない操作などにより生じたセキュリティの潜在的な脅威やインシデントの特定）や是正的統制（当該箇所の自動修復と通知）を採用

し、予防的統制でカバーできない領域を発見的統制や是正的統制で補完するアプローチが採用されます。(1-2)

b. クラウド活用を推進するあまり過度な権限を開発現場に委譲するのでもなく、各企業にとっての最適なバランスを定義する必要があると考えています。(1-2)

c. CCoEでは、開発する案件に関して、「内製すべきもの」と「アウトソースすべきもの」を、明確に区別していました。(2-2)

d. DXを継続して推進するためには、全社的なITリテラシーについても継続的な向上が必要です。これは教育コンテンツとなるため、人事部を味方にする必要があります。(2-3)

e. 社内のクラウド活用状況やCCoEの活動内容について、社内の認知度を高めることを怠ってはいけません。マーケティングのフレームワークに、AIDMA、AISAS、AISCEASというものがあります。どれも最初はAttention(注意)、Interest(興味関心)から始まります。まずは知ってもらわなければ、始まらないのです。クラウド活用も同じです。(2-3)

f. CCoEの企画・立ち上げ当初から、成長期・安定期でのオンプレミスチームとの協力を見据えて、両方の開発手法・文化に通じたメンバーの参加を検討しておくとよいでしょう。(2-3)

g. コミュニティには、多様性があるうえ、クラウドに積極的な姿勢を持つ人が多いため、技術面の知識やスキルの共有だけでなく、幅広い視野に基づいたクラウド化の知見が得られるでしょう。(3-2)

　CCoEは立ち上げたら終わりではなく、その運営を息切れすることなく推し進めることが成功への近道です。その過程では、クラウド案件が自然とCCoEに集約してくる仕組みづくり（CCoEの存在を

広く社内外へアピールする、社内の支援者を増やす、など）やユーザー部門がクラウドを使いやすくする仕組みづくり（インシデントに備えた各種統制やクラウド共通基盤の整備など）がその具体的な活動です。

同時に、忘れてはならないのが、人材や文化（ソフト）の育成・醸成です。これが欠けると、後々クラウド活用が踊り場に差し掛かることも指摘されています。

さて、これまで第1部のポイントを列挙し、整理してきました。まとめると次のようになります。

1. クラウド活用には多くの乗り越えるべき既存ルールや抵抗勢力が存在し、そのための有効な組織形態がCCoEである。
2. CCoEには強烈なリーダーシップを発揮する人物が必要である。
3. CCoEには企業内で公式に追認してくれる支援者（後ろ盾）が必要である。
4. クラウド活用の担い手であるユーザー部門と、作り手であるIT部門の協業が必要である。
5. クラウド活用に対するポリシー、ガイドライン、戦略策定、リスク管理、ガバナンス全般に必要なメンバーが参画、または協力体制を構築する必要がある。
6. 蓄積したスキル、ノウハウを柔軟かつ迅速に社内外とシェアする仕組みとマインドが必要であり、それを人材獲得・育成の必要条件とする。

業種業態によって、あるいは企業の規模によって、CCoEの生い立ちや運営の仕方、目的や役割は異なります。それでも上記は、あ

らゆるCCoEを立ち上げて運営するときに不可欠な要素であるといえます。言い換えれば、CCoEへチャレンジする担当者、組織が避けては通れない課題です。この**課題を乗り越えた先に、あなたの組織にとってのCCoEベストプラクティスがある**のです。

第 **2** 部
事例編

第 **5** 章

先進企業の CCoEに学ぶ

CCoEを立ち上げたいと考えている企業は多いものの、
いざ取り組もうとすると、数々の課題に突き当たる。
どのように組織を作ればいいのか?
部門間の壁を乗り越えるにはどうしたらいいのか?
成果をどのように提示できるのか?
最終的なゴールはどこか?
本章では、これらの課題を克服するヒントを提示すべく、
いち早くCCoEを導入した先進企業の取り組みを紹介する。

5-1

DXで保守から革新へ、その鍵を握るマルチクラウド

大日本印刷

出版不況をはじめとする厳しい環境にある印刷業界において、DX推進に活路を見いだそうとしているのが大日本印刷だ。DXで革新的なビジネスモデルを打ち出すべく、その鍵を握るクラウド活用を担う同社のCCoE（クラウドセンターオブエクセレンス）。2018年春の組織化以来、開発・研修の内製化、共通基盤化、マルチクラウド化などを着実に推し進めてきた。

　出版不況はサプライチェーン全体に影響する。経済産業省によると、国内の印刷市場はこの10年で1兆9039億円も減少（印刷業界の2017年の製品出荷額は5兆2,378億円、10年前の2007年は7兆1,417億円）[※1]。印刷業界では、新たな収益モデルを探る動きが活発化している。

　最大手の一つ、大日本印刷（DNP）は、紙媒体や出版関連の売上高が減少する一方、企業等の業務代行サービス、半導体やディスプレイ製品等の事業に注力・強化を図り、リチウムイオン電池用バッ

※1　一般社団法人 日本印刷産業連合会　年次動向
　　　https://www.jfpi.or.jp/topics_detail6/id=4674
　　　（2021年10月15日閲覧）

テリーパウチでは世界トップシェアを獲得している。いわゆる「両利きの経営」を地で行く変革を遂げてきた。

　「最先端のDXを積極的に吸収しながら、世界中のあらゆる人にDNPのサービスを届けたい」、そう語るのは、情報イノベーション事業部　DX基盤開発部　部長で初代CCoEリーダーの和田剛である。DXの鍵はマルチクラウドを柔軟に使いこなし、アイデアを短期間で具現化すること。その中核を担ったのが、和田の率いるCCoEだった。

このままでは日本は取り残される

　2017年夏、DNPにクラウドの波が押し寄せた。きっかけは、専務執行役員の蟇田栄がアメリカ・シアトルを訪れ、クラウドを使って未完成のアイデアが街中に実装される様子を目の当たりにしたことだ。まずは使ってもらい、フィードバックを得ながら改善していく。言葉には聞いていたが、その実行力とスピードに圧倒された。「このままでは日本は取り残される」

　「自社は」ではなく「日本は」と直感したには理由がある。DNPの取引先は国内に約3万社。調子が悪いと真っ先に削られるのは広告予算だ。商業印刷やマーケティング分野を担ってきた同社には、日本経済の停滞が手に取るようにわかる。まずは自分たちが変わり、周囲にも変化を促す。その使命感に駆られた。

　2018年春、グループ全体のDXとクラウド活用を推進するCCoEが組織された。DNPには自前のデータセンターがある。それでもクラウドに舵を切ったのは、単に利用コストに魅力を感じただけでなく、シリコンバレーを中心に、世界を変えうるサービスを生み出すエンジニア組織のカルチャーに共感し、「自分たちもこうなり

たい」と願ったからだ。さらに、同じように共感する企業同士がつながれば、これまでにない価値を創出できるかもしれない。

全社員をDX人材に

　ここからは、DNPにおけるCCoEの具体的な活動を見ていこう。

　丸投げ体質を変えなければ、クラウドにしても本質は変わらない。DNPは、外部のSIerに任せていたプロダクト開発をほぼ内製にシフトするとともに、全社員に必要なスキルとして「クラウド」「アジャイル」「AI」を掲げた。

　CCoEは、セキュリティガバナンスを目的としたクラウド利用ガ

- ● CCoEはヒエラルキーの頂点ではなく、コミュニティの中心
- ● 開発部門に存在（インフラ部門ではない）。アーキテクトが中心
- ● 本務⇔兼務、兼務⇔Team CCoEのローテーション（1年）

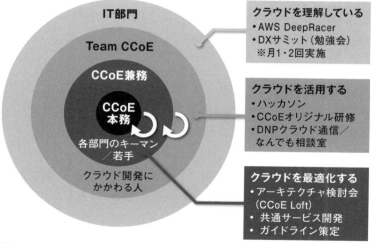

図1：DNPではCCoEをコミュニティと位置づけている
（DNPの資料に基づいて作成）

イドラインの策定や、品質向上のための共通サービスの開発、オリジナル研修やハッカソンを通じた人材育成など、非IT部門でも当たり前にクラウドを選択し、活用できる状態を目指している。

　和田は、CCoEを単なる一つの部署ではなく、DNPグループ全体でクラウドを推進する社内コミュニティと位置づけてきた（図1）。新しい技術やサービスのノウハウ、成功・失敗談を共有する場を数多く設け、今では専任の4人を中心に、1000人余りのコミュニティに成長していると言う。

　「社外を見渡せば、受け身ではなく『ギブ・ファースト』で成り立っているコミュニティがたくさんあります。社外でできて社内でできないのはおかしい。社内もコミュニティ化し、本業とは別に自分のリソースを使ってそのコミュニティに貢献するカルチャーを作りたかった」

ガイドライン策定と共通サービス化

　一方で、締めるべきところは締める。セキュリティを担保し、ガバナンスを効かせるため、クラウド利用ガイドラインを策定した。必要な手順や設定を明文化し、商流やアカウント管理をCCoEに一元化した。

　だが、やりたいことに対して実現方法は一つではない。単にガイドラインを定めても、解釈次第で統制が効かなくなることが予想された。そこで、ガイドラインに記載したセキュリティや運用管理、一部業務機能を共通サービスとして社内のクラウド利用者に提供することにした。

　例えば、システム監視。これまではシステムごとに監視機能を設けていたが、非効率なうえメンテナンスも煩雑になる。そこで、共

通の監視機能を作り、複数のサービスを一カ所で集中的に監視できるようにした。

「新たなプロダクトを開発するときは、CCoEが作った共通サービスを使い、ない部分は自分たちで実装するというかたちをとっています。これは共通化できそうだなと思ったら、どんな領域でもすぐに共通化してしまいます」

研修も内製

　クラウドを実務に根づかせるため、CCoEはDNPに特化した研修を内製している。

　こんな経験はないだろうか。外部の研修ではできたのに、会社に帰ると思うようにできない。外部の汎用的な研修では、個社独自の制約が拾いきれない。DNPの場合、他社と比べてセキュリティ要件が厳しい。外部の研修の学びをそのまま適用できないのだ。

「そこで、端からそういう制約のもとCCoEが研修を作り、講師役を務めることにしました。ガイドラインに定めたセキュリティやその重要性が自然と叩き込まれるような研修プログラムで、受講後は実務としてできるレベルになっています」

　裾野を広げる活動も不可欠だ。クラウドに関心がない社員の興味を喚起するため、手を変え品を変えハッカソンやコンペティションを開催している。

「座学やプログラミング研修も大事ですが、何かを作り上げるとか、ゲームで勝つとか明確なゴールがあると人は頑張れる。楽しくやっているうちに気づけばクラウドが使えるようになっていた、AIが触れるようになってた、そんな機会を提供していきたい」

　和田は、この「人に教える」ということがCCoEにとって一番の学

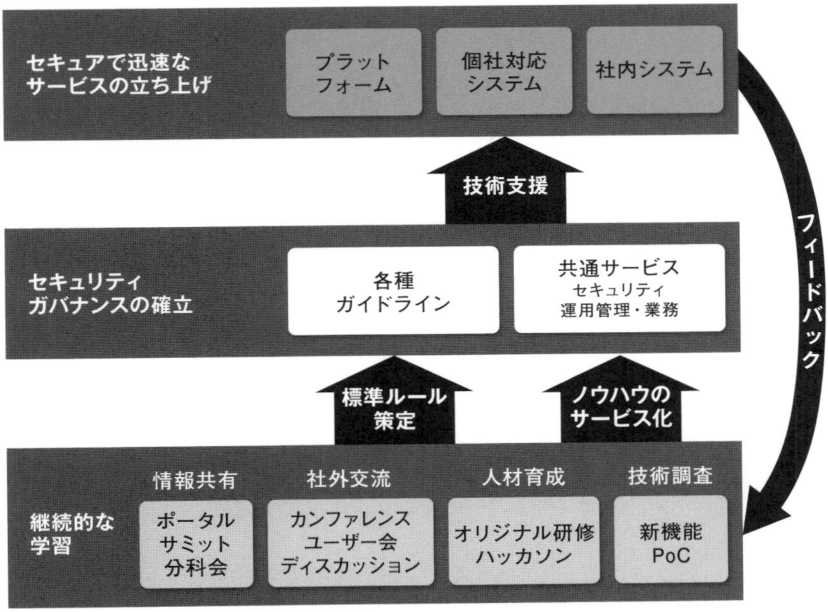

図2：DNPのCCoEによる活動の全体像。継続的な学習機会の提供をベースに、ガイドラインや共通サービスを開発し、各開発プロジェクトにノウハウや共通アセットを提供している
（DNP の資料に基づいて作成）

びだと言う。人に教えるには相当なスキルが要る。当然勉強するし、質問されるたびに、会社にはいろんなリテラシーの人がいて、多様な視点があることに気づく。誰に対してもわかりやすく伝えようと心がけるようになる。CCoEの主観や思いだけで突っ走っても、本当の意味で組織にクラウドを根づかせることはできない。

　ここまで見てきたDNPのCCoEの役割を図2に示す。この図にあるように、継続的な学習をベースに、ガイドラインや共通サービスを開発し、各開発プロジェクトにノウハウや共通資産を提供するのがCCoEの役割だ。

情報発信に慎重な会社に変化が

「情報を発信するということに関して非常に慎重な会社だった」、和田はそう振り返る。印刷会社は情報漏えいに敏感だ。例えば、マンガ雑誌の原稿が発売前に流出でもしたら大変なことになる。機密情報であろうがなかろうが、社内の取り組みを口外するなんて考えられなかった。それが今や、積極的な自社の情報発信はCCoEの活動の一つ。和田は、最初の壁をどう乗り越えたのだろうか。

「カンファレンスの登壇依頼をいただいたとき、始めは余計なことを言うんじゃないかと心配する広報の厳しいチェックが待っていました。そこで、自分たちの取り組みを一つひとつ説明したんです。クラウド用語から他社の事例まで丁寧に。すると、これは発信する価値があると理解してもらえたんです」

要は、前例がなく、内容もよくわからないからネガティブに捉えられていただけだったのだ。一度登壇すると、「もう少し詳しく聞かせてほしい」という旨の問い合わせが舞い込むようになった。これには和田たちも内心驚いていた。

そこからは、自分たちの取り組みを少しでも広めたい一心で、インパクトを残せるような活動、魅力的なプレゼンテーションを追求した。

「閉鎖的な会社の多くが、自分たちの情報には価値がない、特殊な業界だから他社の参考にはならないと思い込んでいる。うちもそうでした。でも、外で話すと意外と共感されたり、評価されたりするんです。皆が本当に知りたいのはツールや手法ではなく、そこに至るまでの考え方やアプローチ。それはどの業界から見ても価値のある情報です」

発信を続けていると、やがて商談の場でも「DNPってクラウド

やってるんですね」「AIもやってるんですね」と一目置かれるようになった。また、メディアに取り上げられることで、エンジニアが自信を持って自ら行動を起こすようになった。

　「外から言われると、もうそうならざるを得ないと言いますか。会社を変えたいと思ったら、積極的に発信して外堀から埋めていくのがいいのかもしれませんね」

コミュニティで交わされるマルチクラウドの悩み

　社外のコミュニティ活動を通じて、他社のCCoEと交流する機会も増えた。よく話題に上るのは、マルチクラウド環境における共通サービスの扱いだ。

　DNPは、2017年にAWSを使い始め、そこからわずか3年で、Google Cloud、Azure、Oracle Cloudを加えた4つを同時に利用するマルチクラウド環境となった。2021年4月時点で合わせて500以上のシステムがクラウド上で稼働している。

　和田自身、ここまで急速にクラウドが浸透するとは思っていなかった。もしもやり直せるなら、はじめからマルチクラウドを想定し、特定のパブリッククラウド上に共通サービスを構築するのは避けたいと言う。オンプレミス環境や便利なSaaSも積極的に活用し、一元管理できるように設計したいそうだ。

　「最初のクラウドでしっかり共通サービスを作ってしまうと、変に定着して捨てるのが難しかったり、2つ目、3つ目のクラウドですんなり横展開できなかったりします。ここは最初のクラウドがうまくいった会社ほど悩む部分かもしれません」

　また、マルチクラウドを謳う監視サービスの中には、実質一つのクラウドにしか対応していないものも散見されると言う。いざマル

チクラウドとなって初めてカバー範囲の狭さに気づき、一から監視を考え直さなければならないケースもある。マルバツ表からは読み取れない現場のリアルな情報を得られるのは、社外のコミュニティに参加する意義の一つだろう。

「CCoEディスカッション」でノウハウを提供

　和田は、オープンなコミュニティ活動以外にも、要望があった企業のCCoEメンバーと個別に、「CCoEディスカッション」を開いている。時間は2～3時間。CCoEの立ち上げからガイドラインの策定、共通サービス化、オリジナル研修の実施など、DNPのノウハウを提供するとともに、CCoE活動への情熱を語り合っているという。

　和田がこの活動を始めたのには、理由がある。「数年前にDNPがデータ分析基盤とその組織を作ろうとした際、当時リクルートテクノロジーズの技術役員だった西郷彰さんに2時間ヒアリングをさせていただく場をもらいました。どのように組織を立ち上げ、どのような製品を取捨選択したのか、実際にどのような問題が発生しているのかなど、当時素人だったDNPに対し、丁寧に一からアドバイスをしてくれたのです。『なぜノウハウを共有いただけるのですか?』と聞くと、『ぜひDNPにも早く（同種の）ビジネスを立ち上げてフィードバックいただきたい。同じ世界に来てもらって一緒にビジネスできれば良いと思っています』という言葉が返ってきました」

　懐の深さに感銘を受けた和田は、それ以来ずっと、同じことを自分もやりたいと考えていたと言う。当時のリクルートテクノロジーズは、多くのエンジニアがさまざまなイベントに登壇し、自分たち

の取り組みを積極的に発信していた。DNPを同じような風土の組織にしたい。和田の目標は今でもリクルートテクノロジーズだ。

CCoEに向く人、向かない人を見極める質問

　和田によれば、CCoEメンバーに必要な素養は3つ。まずは、チャレンジ精神が旺盛であること。視野が広く、全体最適で考えられること。そして最も重要なのが、周囲の成長や成功を心から喜べる人であることだ。

　「自分のことしか考えられない人には無理です。私たちCCoEは、人より少しクラウドを知っているから、最初はある意味、マウントを取れるわけです。でも、社内にはポテンシャルが高い人もたくさんいて、あっと言う間に（クラウドの知識やスキルで）抜かれることもある。それを素直に喜べず、自分の立場を守ろうとする人はダメです。クラウドに限らず、そういう人に物事を推進するなんてできないと思います」

　和田には、CCoEに向いている人、向いていない人を見極める、とっておきの質問がある。

　「年一回の海外カンファレンスから帰ってきたときに感想を聞くと、『すごく良かった、たくさんの気づきがありました』と返してくれます。『では、来年はどうしたいですか？』と聞くんです。そこで、『また行きたいです』という人と『他のメンバーにも経験してほしい』と言って譲ろうとする人がいる。後者は確実に他人の成長を喜べる人。私は後者をCCoEの中心に据えるようにしています」

　和田は、自分自身もCCoEにぴったりの人材だと考えている。「昔から、『これだ』と思ったものを広めるのが好きなんです。学生時代は、趣味でインディーズバンドのプロモーション活動をしていま

した。全然売れていないころに出会って魅了され、気づけば一生懸命に売り込んでましたね。私の中では、バンドがクラウドに変わっただけで、気持ちも活動内容も、ほとんど変わっていない気がします」

2021年4月、和田は3年務めたCCoEリーダーを後任の伊藤丈裕に託した。CCoEリーダーにも3つの要件があると言う。まずは、自分たちが目指すビジョンを明確化できること。次に、CCoEにいろいろな機能を持たせ、できるだけ多くの活躍の場を用意すること。最期は、どんな状況でも楽しむこと、楽しめるように工夫すること、である。

「私自身、かつては24時間365日の対応が求められる運用部門にいました。システムには障害がつきものですが、そうした困難な状況をできるだけ楽しもうと、障害が発生してから数分できれいな障害報告書ができる仕組みを作ったんです」

どうせ障害は発生する。ならば置かれた状況をどうポジティブに変換できるかがリーダーに求められるスキルだ。

「しかめっ面の人から魅力的なサービスは生まれません。だから、全く笑えない状況でも楽しさを演出し、ハッピーでいること、これが最も重要なのだと意識しています」

理想はCCoEを必要としないこと

和田の理想は、DNPがCCoEを必要としない成熟した組織になることだ。

DNPは、ITを生業とする企業よりも約5年遅れてクラウドの利用を開始した。目をつむって一気にアクセルを踏み込まなければ、巻き返せないと思われた距離だった。

CCoEに「こうでなければいけない」といった正解はない。企業の課題や制約によってCCoEの役割は異なる。正解がないということは自由でもある。迷ったら、今の自分たちに必要なCCoEの機能は何かを徹底的に議論し、小さなことでもかまわない、まずはそのアイデアを一つかたちにすることだ。

　例えば、最初から完璧なガイドラインを目指して延々と目次を考えるのではなく、先にアカウント管理だけガイドラインを作成し、ユーザーからフィードバックをもらってみる。トライ＆エラーを繰り返すことで、自分たちのあるべき姿が見えてくるはずだ。

　「CCoEだけが頑張っても、結局会社は変わらない。成し遂げるなら仲間が必要です。だから、一人でも仲間を増やす活動をしてほしい。どんな活動をすれば仲間が増えるのか、それを考え、実行すれば自然とクラウドは広まっていきます。社外には同じようにCCoEの立ち上げに汗を流した仲間がたくさんいます。仲間に悩みを打ち明け、共有すること。さまざまなヒントとパワーが得られるはずです」

5-2

社内外を巻き込みながら
守りから攻めへ、稼ぐ部門に

NTTドコモ

コロナ禍でクラウド活用が進んだ反面、セキュリティに関する脅威
や事故は増加している。NTTドコモに求められる高いセキュリティ
基準を満たしつつ、クラウドの特性を生かすには、どのように展開
すればいいのか ──。自社内はもとより、社外のベンダーとユー
ザーを巻き込みながら、「自前主義からの脱却」を掲げた挑戦が始
まった。

　一般にクラウドは、オンプレミスより統制が効きにくい。深い知
見が伴わなくとも容易にインスタンスを立ち上げられる一方で、事
前の検証やセキュリティ対策がないがしろにされがちだ。設定ミス
などによる情報漏えいも多数報告されている。この問題の核心は、
クラウドの持つ柔軟性、あるいはマルチクラウドの複雑性に対して
セキュリティ運用が標準化・自動化されておらず、人為的ミスを誘
発しやすい状況にある。

　「NTTドコモのCCoEは、セキュリティリスクを早期発見する自
動アセスメントツールのScanMonster（スキャンモンスター）を開
発し、同じくクラウドのセキュリティに悩むユーザー企業にも提供
しています」。こう語るのは、NTTドコモのCCoEも担うイノベー

ション統括部の住谷哲夫である。

　NTTドコモは、クラウド黎明期の2009年、研究開発部門が検証目的でクラウドを使い始めた。2012年からは、AWS本社と直接議論を重ね、本格的な企業利用に不可欠な機能の実装を働きかけてきた。同じくイノベーション統括部の秋永和計は、「私たちがベンダーに求めた機能は、企業システムを扱う者にとって当たり前にあってほしいもの。NTTドコモの高いセキュリティ基準を満たしつつ、クラウドのメリットを享受する方法を試行錯誤してきました」と振り返る。

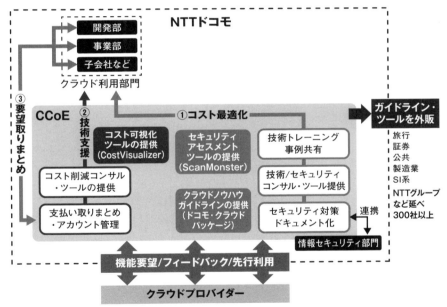

図1：NTTドコモのCCoEによる活動の全体像。主に①コスト最適化、②技術支援、③要望とりまとめを実施。クラウドに関するノウハウを集約したガイドラインの作成や、運用を効率化するツール（コスト可視化、セキュリティアセスメント）を内製化し提供している
（NTTドコモの資料に基づいて作成）

日本のクラウドの歴史とともに歩んできたNTTドコモのCCoEの活動を見ていこう（図1）。

Siriに対抗、半年でリリースの大号令

　2011年10月4日、スティーブ・ジョブズの死の前日、アップルは音声アシスタント「Siri」を発表した。世界的な人気を誇るiPhoneだが、当時の日本ではソフトバンク1社が独占販売していた。NTTドコモとしては、新興のスマートフォン市場をこのままソフトバンクの独壇場とさせておくわけにはいかなかった。

　NTTドコモ社内では、Siri対抗として、にわかに研究段階の音声認識サービスを投入する動きが始まった。当時のマシン調達プロセスやウォーターフォールの開発スタイルでは、1年から1年半は要するプロジェクト。それを、わずか6カ月で次の商戦に間に合わせようという。プリインストール分だけでも数百万ユーザーが一気に利用する計算だ。オンプレミスでは調達の時点で到底間に合わない。商用サービスではまだ利用実績のなかったクラウドが検討のテーブルに上った。

　ちょうどファーストサーバのデータ全消失事故が重なり、社内ではクラウドに反対する声も上がった。セキュリティは大丈夫か、可用性に問題はないか、停止した場合の補償はどうか、データがなくなることはないのか。もっともな懸念だった。

　社内の合意を得られそうな方法が、一つだけあった。NTTドコモには、アカウント管理やデータ暗号化、ログの収集、情報セキュリティ監査など、一つのサービスをリリースする際に満たすべき200項目を超える高いセキュリティ基準がある。これをクラウドで実現するにはどうすればいいか、一つひとつ潰していった。クラウ

ドベンダーとの責任共有モデルを理解し、クラウド側のセキュリティ対策については、担当者が一つひとつ丁寧に確認。対策基準は情報セキュリティ部門が情報の機密性に応じて策定していった。そして、NTTドコモ側が適切な対策をすれば、クラウドでもセキュリティ要件を満たせるという結論に至った。

秋永は、ここで情報セキュリティ部門と真剣に取り組んだ経験がすべての礎になっていると語る。「情報セキュリティ部門は社内で嫌われがちです。何か新しいことやろうとするとき、ブレーキの役割を果たさなければいけないこともあるからです。それでも、情報セキュリティ部門がバックでどんと構えていてくれることが、NTTドコモの強みでもあります。高いセキュリティ基準を満たすために必要なことは何か、社内ルールをどう解釈すればクラウドにも適用できるのか、わかりやすく、やりやすくする作業も、クラウド推進側の重要なミッションだと思っています」

例えば現場社員が、社内で規定されたセキュリティ・ガイドラインを直接読んで作業すると、悪い結果を招くことがある。技術文書といえるガイドラインをITリテラシーの高くない社員が正しく理解して作業するのは困難だからだ。そこをどう改善し、加速していくかが、組織にクラウドを浸透させるうえで重要なポイントである。

SIerも、ともに走りながら

「クラウドはやったことがないから保証はできない」——社内の整備と並行して、開発パートナーとなるSIerとの調整にも難儀した。当時のSIerにとって、クラウドはこれまでの案件と一線を画すもの。案件単価が下がるうえ、知見が少ない分サービスレベルも担保しにくい。リスクが大きかった。

「そこをなんとか、あと6カ月で（サービスを）出さないといけないんです」、そう訴えて、秋永らはSIerを巻き込んでいった。

社内もパートナーも全員が学びながらの立ち上げは、想像以上に大変だった。「クラウドってそういうもんじゃないんですよ」「そもそも考え方が違うんです」「そうなんですか」、クラウドベンダーとの間でそんなやり取りが幾度となく繰り返された。秋永は「まるでテニスの試合のようだった」と笑う。

2012年3月1日、Siriの発表からきっかり半年、「しゃべってコンシェル」[1]はリリースされた。そう、ドコモユーザーにはおなじみのあのヒツジだ。リリース後は大きな障害もなく安定稼働し、NTTドコモ社内でクラウドの価値が理解されるようになった。

「うちにも見せて」で始まったノウハウの社外展開

2014年、商用サービスだけでなく、社内のビッグデータ分析基盤にクラウドが使われるようになると、クラウドシフトはさらに加速した。

同時に、プロジェクト間で知識やノウハウに格差が生じ始めた。クラウドを利用し始めたばかりのプロジェクトでは、自己流で非効率的な使い方が散見されるようになった。そこで秋永らは、クラウド活用に関するガイドラインやテンプレートの展開と同時に、各プロジェクトのクラウド利用支援を積極的に行うようになった。

そのころ、クラウドベンダーのある人がこう言った。「NTTドコモのこういうチームって、米国ではCCoEと呼ばれているんですよ」。ここから、自分たちはCCoEであると明確に意識するようになった。

....
※1 「しゃべってコンシェル」は2018年5月、AIエージェントサービス「my daiz（マイデイズ）」に引き継がれた。

社内でプロジェクトの支援を続けるうちに、秋永らはクラウド
ユーザーとして留意すべき設計指針、SLA、セキュリティ等を網羅
したノウハウをツール化し、社内展開するようになった。前述の
ScanMonsterや、クラウドのコストや利用状況を可視化し、最適化
に寄与するCostVisualizer（コストビジュアライザー）などだ。

　ツール化する意義は、スピードや柔軟性といった「クラウドの特
性」を奪わないことにある。いくらルールを作って細心の注意を
払ったとしても、人間のすることには必ず抜け漏れが発生する。ま
た、クラウドは新機能が比較的短い間隔で次々と追加されるため、
個別に追随し続けるのが難しい。その点、ScanMonsterは、1週間
単位でスプリントを回し、アップデートしている。クラウド運用の
すべてを自動化できるわけではないが、ある程度ツールに任せるこ
とで締めるところは自動的に締め、運用がビジネスの足かせになる
ことを回避しているのだ。

　そうした中、あるクラウドカンファレンスのパネルディスカッ
ションでツール化に至ったエピソードを紹介すると、パネリストの
一人が反応した。当時、東急ハンズのCIOを務めていた長谷川秀樹
である。

　「長谷川さんが壇上で、『それ、うちらにも見せてほしい』って言っ
たんですよ。当時はまだエンタープライズでのクラウド利用自体が
走りで、ほとんどの企業が手探り状態でした。そこで初めて、自分
たちのノウハウが売り物になると気づいたんです」

　2015年、NTTドコモは2009年から地道に培ったノウハウを「ドコ
モ・クラウドパッケージ」※2として社外に提供し始めた（図2）。導

※2　ドコモ・クラウドパッケージについては以下を参照。ScanMonsterやCostVisualizerについ
　　ての情報もある。
　　https://nttdocomo.cloud/
　　（2021年10月15日閲覧）

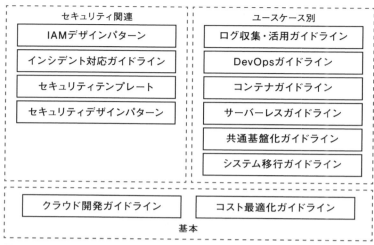

セキュリティ関連

| IAMデザインパターン |
| インシデント対応ガイドライン |
| セキュリティテンプレート |
| セキュリティデザインパターン |

ユースケース別

| ログ収集・活用ガイドライン |
| DevOpsガイドライン |
| コンテナガイドライン |
| サーバーレスガイドライン |
| 共通基盤化ガイドライン |
| システム移行ガイドライン |

| クラウド開発ガイドライン | コスト最適化ガイドライン |

基本

図2：NTTドコモ社内のノウハウをツール化した「ドコモ・クラウドパッケージ」の全体構成

（NTTドコモの資料に基づいて作成）

入は現在までで300社に上るという。

「稼ぐCCoE」という立ち位置

　秋永は、NTTドコモのCCoEが機能しやすい理由の一つに、組織内の立ち位置があると考えている。「通常、R＆D部隊はコストセンターになりがちですが、収益に貢献できるR＆Dを目指して作られたのが、私たちイノベーション統括部なんです」

　NTTドコモの新規事業を担うイノベーション統括部は、異業種やスタートアップとかかわる機会も多い。セキュリティ対策に不慣れなスタートアップからコンサルティングを依頼されることもあると言う。

「守りを重視する部門にCCoEを置くと、活用推進という観点からはブレーキになってしまう。かといって開発部門に置くと、おそらく目の前の開発に集中しすぎてしまう。社内外を問わず、俯瞰して見れるポジションでやれたのがうまく機能している秘訣だと思っています」

　内製化も進んでいる。及川卓也の『ソフトウェア・ファースト』(日経BP)を愛読書とする住谷は、その中で記された「ITの手の内化」が内製化を進めるうえで重要なポイントだと言う。「まずは自分たちの顧客やサービスを深く理解すること。外部に委託せざるを得ないとしても、丸投げするのではなく、自分たちが主導権を握って企画・開発し、事業上の武器にしていく。それをスムーズに実行できるよう支援していくのが、内製化におけるCCoEの役割だと思っています」

　秋永も、内製と外注の切り分けに関して明確な判断基準を持っている。クラウドによって自分たちだけでできることは増えた。だが、サービスが軌道に乗ってシステムの規模が大きくなれば、いつか自分たちだけでは運用しきれなくなる。そうなったら一部を外部に委託すればいい。「一番罪深いのは、本当は自分たちでできるはずなのに、やらないことです」

ノッてこない社員をどう巻き込むか

　最近の課題は、「クラウドに関心の低い人をどう巻き込んでいくか」だ。住谷は、毎週のように社内事例共有会や初心者トレーニングを開催。「草の根的な活動を続けていくしかない」と語る。

　これらの取り組みは、コロナ禍でも続いている。新型コロナ以前から、全国の支社や子会社の社員も参加しやすいようにオンライン

配信を行っていた。NTTドコモは在宅勤務を推奨しているが、み なが自宅にいるようになって視聴者が増えた——といった変化はあ るのだろうか。

　「面白いネタじゃないと人は集まりません。そこは本当にシビア （笑）。例えば、大規模カンファレンスの速報や、発表されたばかり の機能やサービス、話題のトピックであればみんな食指が動くみた いです。ある意味、健全。義務感で参加している人はいないという ことでしょう」（秋永）

CCoEに向く人材と組織のあり方

　秋永と住谷は、どんな人がCCoEに向くと考えているのだろうか。 住谷は、「アンテナが高く、新しいモノ好き。そして、社外で発表 するなどコミュニティにも貢献できる人」だと言う。

　秋永は、「好きでやっているのが一番です」と付け加える。NTT ドコモのCCoEは基本的に立候補制だ。新しいサービスのベータ版 が出たらすぐに申し込み、手にした瞬間触ってみるような姿勢を重 視している。CCoEのメンバーには、「自分でググッてドキュメン トを読んで手を動かす、話はそれからだろ」と伝えているという。

　NTTドコモのCCoEが掲げるゴールは、CCoEがいなくてもそれ ぞれのプロジェクトが自立的にクラウドを使いこなせるようになる ことだ。すでにそれを体現するプロジェクトも現れ始めている。新 料金プラン「ahamo」※3のチームは、社内展開されたテンプレートと

※3　注：ahamoは2021年3月に提供開始された。内容等については以下を参照。
　　　https://ahamo.com/
　　　（2021年10月15日閲覧）

コンテナを活用し、ほぼ自分たちだけで申し込みサイトを構築した。

　「もう本当に困ったときくらいしか、CCoEの出番はないですよ」、少し大げさに言って2人は笑った。そう遠くない未来にCCoEはなくなるだろう。だが、CoE（Center of Excellence）は残ると秋永は言う。クラウドが当たり前になるころには、別の技術の推進や人材育成が必要になる。AIを推進するACoEなど、早晩必要になりそうだ。

リーダーの危機感と成長が、会社を変える

KDDI

クラウドを有効活用するための道のりは平坦ではない。時として、クラウド導入に対する部門間の温度差やCCoE活動の見直しといった大きな壁にぶつかる。CCoEに課せられた「目に見える成果」を出すには、どのようにして壁を乗り越えればいいのか ── 。KDDIにおいては、リーダーの危機感と成長が、組織を動かして前に進む大きな原動力となった。

　CCoEは、時として大きな壁にぶつかる。

　CCoEは組織にクラウドを普及させるための戦略部門だ。教科書的に言えば、ガバナンスやベストプラクティスを整備し、クラウド活用におけるさまざまなハードルを取り除いていくことが求められている。しかし、CCoEの活動に腐心すればするほど、これだけでは何も変えられないと気づく。昔ながらのやり方が色濃く残る組織でクラウドを導入しても、クラウドは有効に機能しない。柔軟性や俊敏性といったクラウド本来の特徴を享受するためには、必然的に、組織がこれまで培ってきたビジネスプロセスやカルチャー、働く人のマインドにまでメスを入れることになる。

　同じことは、2018年に経済産業省が発表した『DXレポート～IT

システム「2025年の崖」克服とDXの本格的な展開〜』（DXレポート）※1と、2020年に同省が発表した『DXレポート2（中間取りまとめ）』（DXレポート2）※2における提言の変化からも読み取ることができる。

『DXレポート』は、既存システムが老朽化・複雑化・ブラックボックス化する中では、新しいデジタル技術を導入しても、データの利活用・連携に制約が生じ、大きな成果は望めないと指摘している。既存システムは、その組織で培われてきたビジネスプロセスと密接に結びついているケースが多く、ビジネスプロセスそのものを変える必要がある。これらの問題を解消しない限り、新規ビジネスの創出やビジネスモデルの変革は限定的なものとなるという。

2年後、コロナ禍で発表された『DXレポート2』では、システムだけでなく、企業文化（固定観念）を変革する必要性が強調された。両レポートを執筆した経産省 商務情報政策局の和泉憲明は、この2年の間に「DXが進まない本当の要因は、技術負債を是とする企業文化やマインドだと気づいた」と証言している。

クラウド活用の社内格差が広がる

2020年、KDDIにCCoEが発足した。発足当時の人数は社内のメンバーだけで5人。のちにパートナーも加わり30人規模となった。

KDDIは現在、コンシューマ向けサービスの多くをクラウド上で

※1 経済産業省 DXレポート 〜ITシステム「2025年の崖」克服とDXの本格的な展開〜
https://www.meti.go.jp/shingikai/mono_info_service/digital_transformation/20180907_report.html
（2021年10月15日閲覧）
※2 経済産業省 デジタルトランスフォーメーションの加速に向けた研究会の中間報告書『DXレポート2（中間取りまとめ）』を取りまとめました
https://www.meti.go.jp/press/2020/12/20201228004/20201228004.html
（2021年10月15日閲覧）

稼働している。このようにクラウド活用を積極的に進める部門がある一方で、クラウドを全く使っていない、社内でクラウドが使われていることすら知らないという部門も存在し、完全に二極化しているという。

CCoEのリーダーでITアーキテクトの大橋衛は、目下この社内格差是正に取り組んでいる。まずは、「クラウドなんてWebのフロントエンドの一部で使われているだけでしょう」という認識の部門に、今やそうではないという事実を知らせること。加えて、経営層へのインプットを続けていると言う。

「経営層への説明は、コスト削減や収益といった定量的な効果に重きを置いています。また、競合他社と比べてどうか、追従できているのか、はたまた抜きん出ているのか。要は、CCoEの活動が競争優位性に寄与していると認識してもらい、後ろ盾（スポンサー）になってもらうことが重要です」

大橋は、ボトムアップでクラウドを広めていくには、経営層の後ろ盾が不可欠だと言う。だが、スポンサーを獲得することだけに躍起になるのはただの社内政治だ。「まずは、地道に成果を出して逐一報告すること。そのうえで、『僕は現場で頑張るから、室井さんは偉くなってください』みたいな、青島刑事と室井管理官のような関係を誰かと築くことができれば、この手の活動は各段に進めやすくなります」

大橋にも、テレビドラマ『踊る大捜査線』で主人公の青島刑事を支える「室井さん」のような背中を叩いてくれる存在がいると言う。ポイントは、経営層の脳裏に刷り込ませること。経営会議のアジェンダに埋もれ、響いているのかどうかわからなかったとしても、何度も伝え、議事録に残し続けること、だそうだ。

性善説に立ったセキュリティ

　ここに至るまでの道のりも、決して平坦ではなかった。KDDIにクラウドを浸透させるうえでの大きな懸念は、安全性の担保だった。クラウドは、故障や障害発生を前提として提供されている。それは、KDDIが担う社会インフラとしての重責とは根本的に相容れないものだった。

　「KDDIでは、通信インフラを担うデータセンター、ネットワークなどの設備をすべて自分たちで運用し、障害や機器の故障にも自分たちで対応しています。ひとたび通信障害が発生すれば、当局に事細かく報告する義務も負っています。ずっとこのような環境で仕事をしてきた社員からすれば、クラウドの考えは簡単には受け入れられないでしょう。既存のセキュリティのルールは当然オンプレミスを前提に整備されており、このままいくと、『クラウド禁止』となりかねない雰囲気がありました」

　「クラウド禁止」という結論は、大橋にとってあり得なかった。大橋がクラウドに出会ったのは2013年。きっかけは、最近話題のパブリッククラウドについて調べてほしいという上司からの依頼だった。当時の大橋はクラウドが何たるかもよくわかっていなかったが、たった一人で調査を開始。元々プログラマ出身だった大橋は、何気なく開いたページに見つけた、「プログラマがインフラを変数のように扱える」という一文に、まるでハンマーで頭を殴られたかのような衝撃を覚えた。クラウドを使えば、これまで人力でやってきた操作やシステム構築が大幅に自動化できる。数時間、数日、あるいは数週間要していた作業が、たったの数秒で完了してしまう。この技術は間違いなく業界の構造そのものをひっくり返す。乗り遅れればKDDIに未来はない。

大橋は、「クラウドを禁止にしたら、うちの会社は潰れる」と言い放ち、クラウドのセキュリティ対策に乗り出した。

　クラウドもオンプレミスも外部脅威はほぼ同じ。問題は、内部脅威への対策をどこまで厳しくするかだ。ここは組織によって特徴が出るポイントでもある。ある金融機関は、全社員を犯罪者予備軍と捉え、一部機能のみ使用を許可するなど性悪説に立った対策を講じている。統制は利かせやすいかもしれないが、クラウド本来の自由度を享受するのは難しい。

　大橋は、正反対のアプローチをとった。「KDDIでは、統制側がすべての監査証跡ログを残す代わりに、ユーザーの自由度は高くしています。『自由に動いていい代わりに、行動はすべて記録しています。何かしたらすぐにバレますよ』と心理的抑制をかけている状態です」（図1）

　発見的統制（不正や誤謬などを適時適切に是正する統制活動）のポイントは、どこに責任を置くか、だと言う。「統制側はあくまで

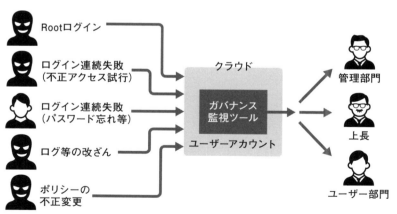

図1：KDDIの性善説に立った発見的統制の概念
（KDDI の資料に基づいて作成）

も証跡を残すところまでを担います。それ以降は各事業部門が対処する。ここは、組織によってだいぶ違いますよね。われわれのやり方は、セキュリティの遵守は事業部門の責任で行う、というオンプレ前提の頃からの構図をそのまま踏襲しています。逆にオンプレをベースに脈々と積み上げてきた弊社の厳しいセキュリティの基準があったおかげで、クラウド前提であっても守るべきセキュリティレベルは一切落ちていません」

社内キャズムを超えた先にあったもの

　ところで、大橋にとって2020年のCCoE設立は2度目の挑戦だ。2013年から大橋を中心に一定の成果を上げてきたクラウド推進チームは、2017年度に入った頃にはプロパーやパートナーを含む10名規模のチームにまで成長していた。しかし、2017年度中頃に大幅な縮小が決定し、ほとんどのメンバーが散り散りとなってしまった。事実上の「解体」だった。

　このころにはガイドラインの策定はもちろん、前述の監査証跡ログ保全機能も整備。社内はクラウド普及フェーズに移り始めていた。

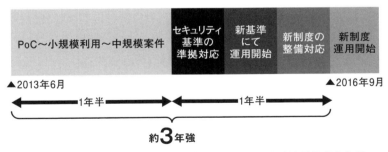

図2：KDDIがクラウドの「キャズム越え」までにかかった期間と具体的な施策
（KDDIの資料に基づいて作成）

大橋自身、4年かけてやっと「キャズムを超えられた」と思えるようになっていた（図2）。だが、大橋にとってクラウドは、「導入して終わり」の腰掛けのようなプロジェクトではなかった。プラットフォームが変われば働き方も変わる。大橋は、クラウドの浸透をきっかけに、保守的なKDDIのカルチャーを変えたいと思っていた。仕事はまだ山ほどあると思っていたのだが、会社にその必要性を正しく認識してもらうことができなかった。

　「あんなにたくさんのメンバーがいたチームが一瞬で縮小されて、私は別の業務にアサインされることになりました。自分がゼロから育ててきたクラウド文化から、『君はもういいです』と弾き出されたような気がして、そこから1年ちょっと腐っていましたね」

　それでも何かしたいと居ても立っても居られなかった大橋は、しばらくは残ったメンバーのサポート役として片足を突っ込み続けた。だが、状況は良くならなかった。原因は、縮小を機にチームメンバーがほぼ一新されてしまったことにあった。大橋は、「メンバーが総入れ替えになったことで、なぜこのチームが存在しなければならないかといった理由を語れる人間がチームにいなくなってしまった。元のメンバーがあと数人でも残っていればイズムだけでも継承できたはず」と悔やむ。

　それでも大橋らによる種まきができていた分、自然と社内のクラウド利用量は増えていった。しかし、チームの人数が減り、パートナーの手を借りることが増えると、今度はただでさえ少ない社員にパートナーの管理工数がのしかかっていく。「いつの間にか、クラウドを使った変革には全く手が回らなくなっていました。メンバーも『やりたいことを目の前にしながら着手できない』と、かなり悩んでいましたね」

　活動は、徐々にシュリンクしていった。

エンジニアが輝ける職場に

　自分はこれから何をしたらいいのかわからない。ふわふわした感情を引きずりながら、2018年4月、大橋は完全にクラウドから離れた。テックイン（Tech-in）、テックオン（Tech-on）という社内エンジニアコミュニティの立ち上げに専念するためだった。　だが、このDevRel（Developer Relations）活動が、大橋に前へ進む勇気を与えることになる。

　それまでのKDDIは、大橋のようなエンジニアが輝きにくい職場だった。まず、エンジニア同士が交流し、知見を共有できるような場がなかった。エンジニアのスキルアップには一人でコツコツ勉強することも不可欠だ。しかし大橋は、4年間のクラウド推進活動の中で、社外のクラウドコミュニティにも頻繁に顔を出し、エンジニア同士の緩いつながりこそが、技術力や技術感度を高めるのだと肌で感じていた。自分から積極的に情報を発信すれば、その分有益な情報が集まってくる。そんな環境を、KDDI社内にも作りたいと考えるようになった（図3）。「存在しないのなら作ってしまえばいい」。

IT技術のナレッジは文書化されない/できない/陳腐化が早い
本物のナレッジは、人と人との緩いつながりの中にこそある

緩いつながり

コンテンツ
コミュニティ（場）

ナレッジ

図3：表に出てこないナレッジが集まる「場」としてのコミュニティ
（KDDI の資料に基づいて作成）

クラウドでやったときと同じように、大橋はまた一人で前を向き直すことにした。

　時を同じくして、KDDIに専門性の高い人材の育成と活用を目的としたエキスパート制度が立ち上がった。

　「KDDIに限らずこういう会社は多いと思いますが、エンジニアには管理職になる以外のキャリアパスがありませんでした。だから、技術を身につけたエンジニアは活躍の場を求めて転職してしまう。今までなら、社内にエンジニアがいなくてもパートナーに依頼すればそれでよかった。でも、アジリティの高いサービス実現のために内製化を進めるのなら、社内に専門知識を持ったエンジニアの存在は絶対不可欠です」

　大橋は、このエキスパート制度ができなければ、KDDIを辞めていたかもしれない、と振り返る。

　「正直悩んでいました。既存の人事制度のままだったら、仮にKDDIに居続けだとしても"ただの技術好きの部長さん"とかになるしか道がなかった。もちろんピープルマネジメントは重要です。でも、あらためて思い返してみたんです。自分はそういうのがやりたかったんだっけ？　会社を変え、文化を変え、日本を変える、そのために技術を磨いてきたのではなかったか、と」

　KDDIにいても技術を極めていける——悩みながらも立ち止まらずに続けたDevRel活動とエキスパートとしての昇進、その両方から道筋が照らされたとき、地に埋もれ冷え切っていた大橋の心は再び熱を取り戻した。

クラウドでダメなら別の文脈で盛り上げる

　大橋から学べることがある。たとえ一度クラウド推進で思うよう

にいかなかったとしても、DevRelという別の文脈で社内にエンジニア文化を醸成し、自身のプレゼンスも高めたうえで、もう一度クラウド推進に取り組む。一見、回り道に見えるかもしれないが、エンジニア文化という土台ができてからの方が、組織のクラウドへの理解度・活用度も上がるはずだ。やり方は、決して一つではないということだ。

大橋自身の志向も大きく影響している。「会社を変え、文化を変え、日本を変える、そのために技術を磨いてきた」という大橋だからこそ、クラウドだけが目的化しなかったのだ。そうでなければ、チームが縮小され、締め出された時点でくじけてしまったかもしれない。

「結局、技術だけでは何も変えられません。最終的に変わらなきゃいけないのは人です。人を変えるために組織を変える、組織を変えるためにクラウドを利用する。CCoEの活動は、カルチャー改革をしているのと同じなんです」

CCoEをリードする正攻法と裏の手

「人と人とをつなぐとか、人の心を変えていくとか、そういうことに情熱を傾けられる人でないと難しい」、そう大橋は断言する。

「技術畑にいると、技術論とエビデンスでぶん殴るということをやりがちです。知見に乏しい相手を論破しようと思ったら簡単なのですが、そんなんじゃ人は信頼してくれない。CCoEの役割は、自分たちの正論や傲慢さを押し通すことではありません。解決すべき課題に対し、クラウドがどう役に立てるか対話しながら一緒に考えていく。信頼関係なしには成立しません」

リーダー自身の立場やプレゼンスを高めるというのもかなり重要だ。

「立場やプレゼンスが高まると、発言力も上がっていきます。僕自身、エキスパート制度によってITアーキテクトという肩書が付いたことで、二度目のCCoE立ち上げでは以前より話を聞いてもらえるようになったところがあります。そして、外のコミュニティで積極的に発信することが重要です。コミュニティ向けに発信したことが、巡り巡って顧客の口から上層部の耳に入ることもあります。『KDDIさん、クラウドをかなり使っているらしいじゃないですか、大橋さんって人が発表していましたよ』って。社内だけで発信していると、セクションが違う人には届かない。でも社外で発信すれば届くことがあるんです」

　大橋は続ける。「自分には発信力がないからCCoEに向いていないとは思わないでください。『情報は発信した人のところにしか集まらない』という言葉がありますが、まさにそのとおりだと思います。本当に有用な情報を得たければ自らアウトプットするしかない。どんな小さな成果でもいい、成長過程でも構わない。まずは一度やってみないと始まらない。社外に向けてどんどん発信していくべきです」

CCoEの面接で必ず聞く質問

　大橋は今、CCoEメンバーの採用にも取り組んでいる。面接では、必ず聞く質問があるという。

　「4つあります。社内の技術教育として何をしてきましたか。情報発信やコミュニティ活動に取り組んでいますか。社内に存在していない何かを新規で立ち上げたことはありますか。そして、何か困難に遭遇したとき、それを自ら打破しようと、どのような努力しましたか」

正解はない。行動したかどうか、そして、社内に閉じこもらず、外とつながっているかどうかが知りたいという。

「外とつながっている人といない人では、根本的に発言内容が違います。正直なところ、たくさん質問しなくてもすぐにわかります。外とつながっている人は、自社が外からどう見られているのか、自社が業界内でどのポジションにいるのか、外のモノサシで理解している。『このままではうちの会社はやばい、だから変えなきゃ、底上げしなきゃ』と考えている。でも、社内でコードやドキュメントだけ見ているような人は、『クラウドを導入したら、このシステムがこう良くなる』みたいな、ものすごく狭いところを見ていることが多い。見ている世界と視点の高さが全く違うんです」

自分の会社を冷静に見られる人、いわば、ドアに片手をかけた状態で会社を見ている人は強い、そう大橋は考えている。

「クラウドのような新しい文化をゼロから浸透させる活動って、いわば開国に等しい。組織を形成するのは人です。人って1年やそこらで新しい文化を受け入れられるわけがないじゃないですか。日本って、開国して1年で変わったんでしたっけ? 大企業でキャズムを超えさせようと思ったら、それこそ年単位の長い期間がかかることを覚悟しなければなりません。そして、自分一人で解決しようと思わず、いろんな人たちを巻き込んでいくこと。それを着実に広げ、うねりとなって初めてCCoEは成功すると思っています」

大橋は進む。情熱という火をくべながら。

5-4

ユーザー部門が自らの手で 最適な仕組み作りを実践

富士フイルムビジネスイノベーション

富士フイルムビジネスイノベーション（旧富士ゼロックス）は2014年、IT部門ではなくユーザー部門にCCoEを設置した。その理由は、クラウドを活用する側が自分たちの手で最適な仕組みを、組織の壁などを気にすることなく、作り上げるためだ。クラウド活用の効率化と安全性の両立を図るために、サービス開発のノウハウを集約した独自のデザインパターンも整備した。

　富士ゼロックスは2021年4月、約60年の歴史に幕を閉じ、富士フイルムビジネスイノベーション（富士フイルムBI）として再始動した。写真フィルムの会社から変革を遂げ、今やトータルヘルスケア、ICT領域まで幅広く事業を展開する富士フイルムブランドのもと、スピーディな開発生産とグローバルな事業展開を目指す。

　大きな組織が交わるとき、ビジネスを支えるITインフラにも相応の変化が求められる。

　富士ゼロックスでは、2014年から、IT部門ではなく、クラウドを活用するユーザー部門にあたるサービス開発部門にCCoEを設置。顧客向けのサービス基盤の提供や、新規ビジネス創出のためのPoC（概念検証）支援などを行ってきた。それは、富士フイルムBI

になっても変わらない。主要な顧客向けサービスのほとんどがこの
サービス基盤上で稼働し、検証環境を含む総テナント数は100を超
えている。CCoEに所属し、そのリーダーといえる田中圭は、「ク
ラウドを安全に使うために整備してきたガバナンスやセキュリティ
対策のノウハウを、富士フイルムホールディングス全体に広げてい
きたい」と語る。

ユーザー部門がCCoEをリードする意義

　なぜ、ユーザー部門にCCoEを設置しているのだろうか。田中は
その意義を、「部門内の前提や内情があらかじめ共有できていて相
談や検討がスムーズ。組織の壁や文化の違いがない分、潜在的な課
題も吸い上げやすい」と語る。

　さらに田中は、自分たちがクラウドを使いこなせなければ、社外
に提供するサービスの質は落ち、顧客の期待に応えるのが難しく
なっていくと考えているようだ。「私たちの目的は、単にクラウド
基盤を提供することではなく、お客様により良いサービスを提供し、
ビジネスや収益に貢献することです。俊敏性、柔軟性、技術革新、
どれを取ってもクラウドはサービス開発の武器になる。自分たちが
クラウドをより便利に、より早く、より安全に、より安く使うため
に、自分たちの手で最適な仕組みを作っています」

　コストへのこだわりも顧客への価値提供を見据えてのことだ。田
中は、「インフラにかかる費用を少しでも安く抑え、次のサービス
開発費用を確保したい」と言う。プロジェクトごとの個別最適では
コスト削減の幅にも限界がある。そのため、サービス横断で全体最
適に取り組んでいる。

　それでは、富士フイルムBIのクラウド活用とコストの変遷を見

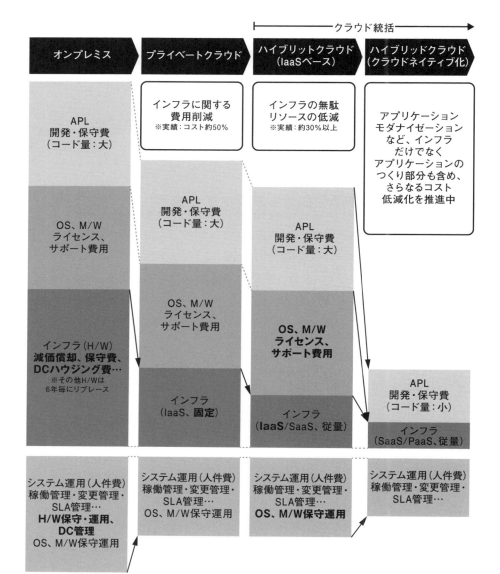

図1：富士フイルムBIのクラウド活用とコストの変遷。オンプレミス環境時と
比較して、大幅なコスト削減に成功している
（富士フイルム BI の資料に基づいて作成）

てみよう（**図1**）。

　富士フイルムBIは、2011年にプライベートクラウドの運用を開始。減価償却、保守、データセンターのハウジングといったインフラにかかる費用を約50％削減した。2014年からは、新規ビジネスのスモールスタートを可能にするため、パブリッククラウドやSaaSを使い始めてハイブリッドクラウドに。30％以上のコスト削減に成功している。

　2016年にマルチクラウド化。そして今、クラウドを骨の髄まで使い倒すため、クラウドネイティブ化を進行中だ。サーバーレス化に加え、アプリケーションのモダナイズなど、インフラ以外の部分にも手を入れることで、さらなるコスト削減に取り組んでいる。

　「IT部門を中心にコスト削減を考えた場合、どうしてもインフラに目がいってしまうんです。しかし、サービスにかかるコストは当然インフラだけではありません。OSやミドルウェア、さらには開発報酬にかかわるアプリケーションのコード量の削減まで視野に入れ、より大幅なコスト削減を狙っています」（田中）

社内でクラウド人材を育てる

　社内のクラウドユーザーを増やすため、人材育成にも取り組んでいる。

　現状、社内のクラウドユーザーは大きく2パターンに分けられるという。一つはアーリーアダプターとも呼べるようなクラウド上級者。もともとクラウドへの関心が高く、周囲も巻き込み、率先して活用していこうとする人たちだ。もう一つはクラウド初心者。クラウドを使ってみたいのだが、何から始めたらいいかわからないような人たち。CCoEでは、主に後者を対象に、複数のクラウドベンダー

の力を借りながら、年6回以上、セミナーやハンズオンを実施している。

田中は、詰め込み型の教育より、クラウドへの興味・関心を高められるような機会の提供を心がけているという。「新しいことに触れる楽しさや小さな成功体験の積み重ねが主体性を生み、学習効果が高まる。その姿に触発されてどんどん仲間が集まってくる。結果として、全体のスキル向上につながる正のスパイラルにつながっていくと思っています」

独自クラウドデザインパターンで効率化と安全性を両立

こうして育った社内のクラウド人材が、スムーズかつ安全にクラ

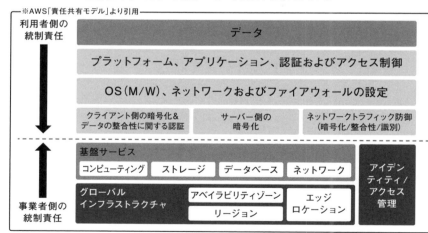

パブリッククラウドを簡単・安全に利用するためのベースライン
富士フイルムBIのビジネスクラウドを基盤として、開発者支援および脆弱性対応のための共通プロセスや仕組みを導入している

図2：FFCDPに準拠することでユーザー側の統制責任を果たせる
（富士フイルム BI の資料に基づいて作成）

ウドを使えるようにするのもCCoEの役割だ。

　実は、パブリッククラウドを使い始めた2014年頃、富士フイルム
BIでは、どの部門がどのクラウドをどれくらい使っているか完全
には把握できていなかった。ユーザー部門がパブリッククラウドを
契約・利用する場合は、コンプライアンス部門や各種審査などを通
し、権限管理といったセキュリティ要件の対応も自分たちで担わな
ければならなかったのだ。最も大きな課題は、プロジェクトごとに
セキュリティの強度がまちまちで、統制が取れていないことだった。
必要以上に対策して過剰なコストを掛けているプロジェクトがある
一方で、悪気なく求めるレベルに達していないプロジェクトも散見
された。

　そこで、富士フイルムBIでは、クラウドを使ったサービス開発

100以上のテナントアーキテクチャを基に
幅広い適用システムと構築パターンを汎用化

クラウドデザインパターン（FFCDP）

統制
（社内規約・ルール）
（各種審査・リスク評価）
クラウド管理ポリシー

アクセス制御
VPC制御
各種F/W
コンソールアクセス

データセキュリティ
ゾーニング（データ配置）
閉域網接続

アイデンティティ/アクセス管理
IAM管理（権限制御）

CSPM
発見的統制

GCP・AWSなどのクラウドベンダーによる厳格な管理・運用
（各国の公的な各種規約・監査類に対応）

のノウハウを集約した独自のクラウドデザインパターン「FFCDP（FUJIFILM Cloud Design Pattern）」を整備した（図2）。世界のクラウドアーキテクトが編み出してきた設計・運用の集合知と、富士フイルムBIの情報セキュリティポリシーを組み合わせたもので、これに則って進めれば、コストや運用工数を抑えられ、セキュリティのベースラインも維持できるという。

　言い換えれば、富士フイルムBIでは、クラウドベンダーとの「責任共有モデル」におけるユーザー側の統制責任領域を、FFCDPによってカバーしている。FFCDPに準拠していれば、システム審査の社内プロセスも簡略化される。結果として、サービス提供の効率化、高速化にもつながっているのだ。

　2021年度からは、これまでの予防的統制に加え、モニタリングによる発見的統制を強化。設定ミスや不正が疑われる操作を自動で検知し、継続的にモニタリングを行う。クラウドの俊敏性や柔軟性を生かしながら、リスクマネジメントの高度化に取り組んでいる。

きっかけは赤字のサービスだった

　ところで、プライベートクラウドの活用を推進し、2014年までは「パブリッククラウドなんてもってのほか」という空気もあった当時の富士ゼロックスが、ハイブリッドクラウド化に舵を切ったのはなぜだろうか。

　きっかけは、一つのサービスの赤字だった。

　当時、サービスの主管部門にいた黒須義一は、この赤字のサービスを何としても黒字化すべく、Excelシートとにらめっこしていた。すると見えてきたのは、サービスにかかるコストのほとんどが、データセンターの運用に消えていたということだった。ここにメスを入

れれば、値上げをしなくても黒字化が叶うかもしれない。入社わずか3カ月、プライベートクラウドを推す社内事情にも疎かった黒須は、「データセンターのコストってなぜ縮まらないのだろう」という素朴な疑問の答えを探し始めた。大きなコストメリットや柔軟な運用が見込める手段として、パブリッククラウドや、それをプライベートクラウド的に使えるVPC（Virtual Private Cloud）の存在を知った。これを使わない手はない。

　黒須の提案を、当時の上層部は快く承諾した。だが、黒須はあくまでサービス主管部門の担当者。社内システムの機微など知る由もなかった。周囲に相談すると、「IT部門の田中圭さんに相談するといい」と口をそろえた。当時、田中はIT部門に所属し、プライベートクラウドの導入をリードするプロジェクトマネージャーだったのだ。

　このころのIT部門とサービス開発部門は、組織的にも心理的にも遠い存在。薄暗い会議室で初めて顔を合わせた田中と黒須は、互いに警戒していた。「事情も知らずに無茶なことを言い出すんじゃないか」。田中は身構えながらも、黒須の推すパブリッククラウドという選択肢が、ひょっとすると今ある課題の突破口になるのではないかと考えていた。

　「プライベートクラウドを推し進める一方で、柔軟性の部分で行き詰まっていました。改善しようにも、当時のIT部門は従来のシステム運用のアプローチを前提に考えていたため、プライベートクラウドを提供した後の改善にまで予算がついていませんでした。ユーザー部門の要望に応えるためには、ハイブリッドクラウド化が必要なのではないかと思い始めていました」

　そこからは、田中と黒須の二人三脚でパブリッククラウドの導入を進めていった。まずは経営層にパブリッククラウドを使うビジネ

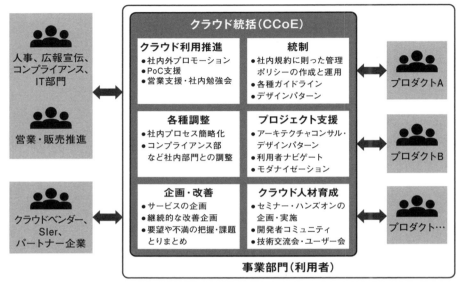

図3：富士フイルムBIのCCoEによる活動の全体像
（富士フイルム BI の資料に基づいて作成）

ス的な意義、具体的なコストメリットと運用の柔軟性を伝え、味方になってもらった。その後は、経理部門、知財部門、法務部門、購買部門、情シス子会社を巡り、従量課金化、セキュリティへの懸念、規約対応、請求書課題など、パブリッククラウドの導入障壁となりそうな社内プロセスの変更に一つひとつ合意を得ていった。

　パブリッククラウドの活用によって、くだんの赤字のサービスは、3年足らずで黒字化に至った。田中は成功の要因をこう分析する。

　「せっかく作ったプライベートクラウドを大事にしようとか、前任者たちが築き上げてきた運用を受け継いでいこうとか、そういうことは一切考えませんでした。クラウドを合理的に使っていくには

どうすればいいかという観点で、徹底的に変えていったのがポイントだと思います」

2018年には、田中がIT部門から現部門に異動し、現在に至る。目下の課題はCCoEのリソース不足。CCoEは田中と木下の2人だけ。協力してこれらの活動（図3）を進めている。

一方で、2人しかいないことによるメリットも大きい。とにかく意思決定が速く、人件費も少なく抑えられている。さらにこれは偶然だが、2人の役割分担がはっきりしている。田中はITインフラ技術の領域を、木下はアプリケーション開発の領域を得意とし、ユーザーからの相談にバランスよく応えられているという。

今後の発展の鍵は、社内外にCCoEの活動をアピールし、これまで蓄積してきたクラウド活用のノウハウを、富士フイルムホールディングス全体に伝播させていくことにある。

クラウド活用で残された課題

課題も残っている。田中が最も見直したいのは、従来型のウォーターフォールなプロジェクトデザインだ。富士フイルムBIには、一度リリースしたらそのまま数年は変わらないというサービスもまだ多い。そういったサービスは、年に数回リリースされるクラウドの新機能やアップデートなどの恩恵をあまり享受できていない。また、社内にスモールスタートなプロジェクトやアジャイル開発が浸透してきている反面、品質保証など社内プロセスの一部が、いまだ理想とするスピードや柔軟性を獲得できていない。

「今後はサービス開発自体のアジリティ向上に向けて、プロジェクトデザインや予算計画なども含め、支援やナビゲートを充実させていきたいです」（田中）

さらに田中は強調する。「クラウドはみんなが幸せになる技術。私自身、開発者がインフラ設計や管理から解放され、本来の価値創造に注力できるようになっていく姿をたくさん見てきました。一人でも多くの開発者にクラウドを利用してもらいたいです」

CCoEはクラウドメンター

田中が考える、CCoEに必要な要素は何だろうか。

「まずは熱意と巻き込み力。それと、幅広い知識と経験が求められる場面が多いです。知識は広く浅くでもいいのですが、経験は豊富な方がいいと思います。ただし、既存の経験に捉われず、新しい技術やカルチャーを受け入れる柔軟性が必要。頭が固いと難しいと思います」

もちろん、社内外とやりとりできるコミュニケーションスキルも欠かせない（**図4**）。多くの役割やスキルが求められることになるが、最初からそれらをすべて身につけている必要はない。「これらのスキルを身につけることが苦にならない人であれば大丈夫」と田中は言う。

中でも田中が重要視している役割は、「クラウドメンター」だ。

「やはり気軽に相談しやすい雰囲気づくりが大切です。『それは私の役割ではないから』なんて絶対に言わないようにしています。素朴な疑問から、テクニカルなサポート、パートナー企業を紹介してほしいといったものまで、あらゆる相談に乗っています。そうしていくうちに、CCoEに対する信頼が高まり、クラウド活用もあるべき姿に近づいていくのではないかと考えています」

「クラウドメンター」が必要なのは、CCoE自身も同じだろう。CCoEのあり方に正解はない。一度作ったら終わりではないし、そ

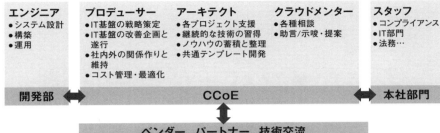

エンジニア	プロデューサー	アーキテクト	クラウドメンター	スタッフ
●システム設計 ●構築 ●運用	●IT基盤の戦略策定 ●IT基盤の改善企画と遂行 ●社内外の関係作りと維持 ●コスト管理・最適化	●各プロジェクト支援 ●継続的な技術の習得 ●ノウハウの蓄積と整理 ●共通テンプレート開発	●各種相談 ●助言/示唆・提案	●コンプライアンス ●IT部門 ●法務…

開発部 ⟷ **CCoE** ⟷ **本社部門**

ベンダー、パートナー、技術交流

図4:本社部門との折衝、社外への発表や他社とのやり取りなど、コミュニケーションスキルも必要
（富士フイルム BI の資料に基づいて作成）

の時々の課題やフェーズによって常に変化が求められる。クラウドの技術革新が進むほど魅力的な選択肢は増えるが、だからこそ悩みは尽きない。

　「そんなときは会社を飛び出して、社外のコミュニティで相談してみましょう。さまざまな課題と向き合ってきた同志が力になってくれます。もし少人数でのCCoE運営にお悩みならば、私も一緒に悩みながら、いい方法を見つけられるかもしれません」

5-5

多才なメンバーが自由闊達に推進、成果とともに課題も

みずほフィナンシャルグループ

みずほフィナンシャルグループは2018年初頭からグループ横断型のクラウド推進に取り組んだ。CCoE専任者は当初数名というスモールスタートだったが、3か月後には社内外から多才な人材が参画、自由闊達にアイデアを出し合いながらクラウド化を推進し、3年後にはクラウド活用の標準化・高度化までこぎつけた。成果を出すと同時に、「攻め」と「守り」に関する新たな課題も見えてきた。

「お客さまの信頼なしに金融サービスは成り立たない」——みずほフィナンシャルグループ（みずほFG）では、クラウド活用の推進に加え、クラウドのリスクマネジメントにおいても、CCoEが重要な役割を担っている。

CCoEの「守りの要」といえるみずほFG システムリスク管理室に所属する渡邊裕子は、本来の役割である「守り」と、CCoEにおける「攻め」との狭間で葛藤していた。クラウドの利便性や俊敏性を存分に生かしたい一方で、社外に目を向ければセキュリティ対策の甘さや設定の不備を突くインシデントが多数報告されている。問題は、「守り」と「攻め」のバランスだ。みずほFGでは、金融機関としてあるべき堅牢性を優先し、利用できる機能やアクセス権を厳格に管理

することで「守り」の取り組みは進んでいるが、利便性・俊敏性を発揮させるための「攻め」についてはこれからの取り組みだと認識している。

　渡邊は今後、予防的統制と発見的統制とのバランスを見直し、「攻め」と「守り」の両輪がうまく回るようシフトさせていきたいと考えている。

　「私はリスクを見極め、場合によってはブレーキをかける役割ですが、『ルールだからこうしてください』の一言で片付けるような対応はしたくありません。クラウドのメリットとリスクを天秤にかけ、ユーザー部門とともに、ビジネスを推進するためのセキュリティを探っていきたいんです」

　ここに至るまでのみずほFGにおけるCCoEの取り組みを見ていこう。

社内外から多才なメンバーが集結

　みずほFGのCCoEは、2018年1月、グループ横断型のクラウド部会から始まった。新勘定系システム「MINORI」の活用と並ぶIT構造改革の一環として、少人数でのスモールスタートを切ったのだが、話を聞きつけたクラウドに想いのあるメンバーが続々と手を挙げ、一気にスケールした。みずほFGにはさまざまな業界からの転職者やパートナー企業からの出向者がいる。社内組織の垣根を越えて、インフラエンジニア、AWS認定アーキテクト、コンサルタント、弁護士資格を持った法務担当など、さまざまなスキルやバックグラウンドを持った人材がCCoEに集結し、ワンチームで過ごすこととなった。そのときの様子を渡邊は、「多才なメンバーが次々と集まってきて、毎日が映画『アベンジャーズ』のようだった」と振り返る。

こうしたパートナー企業と協力する方法は、自社だけではCCoEの組成が難しいと考える企業にとって、一つの選択肢になるだろう。

　現状、多くの日本企業が、パートナー企業にシステム開発・運用を外注している。内製化が叫ばれ、外注比率を下げようとする動きもある。パートナー企業に協力してもらうことが悪いのではない。問題は自社の課題解決をパートナー企業に丸投げしてしまうところにある。しかし、パートナー企業からの出向者の場合、一定期間その企業の「中の人」として社員同様、あるいは「伴走者」としてゴールを目指すため、課題と向き合うときの解像度がぐんと上がり、その企業にとって本当に必要な改善は何かを見極め、「自分ごと」として対処できる可能性が高まる。

　出向者を受け入れる仕組みが整っていない企業においては、たとえ一人か二人であったとしても、親身になってくれる伴走者が得られることで、CCoEのあり方や進め方は大きく違ってくるはずだ。うちの会社には難しいと諦める前に、パートナー企業との共創や、社外のプロフェッショナル、副業人材を活用するなど、社外にも視野を広げてみるといいだろう。

部会でゼロから議論「未開の地を耕しながら、夢を語る」

　みずほFGの話に戻そう。組織設立後3カ月もすると、みずほFGのCCoEは、4チーム合計20人（クラウド利用促進チーム、共通プラットフォーム構築チーム、セキュリティリスク管理チーム、クラウドアーキテクチャ設計チーム）からなるグループに成長した。

　毎週火曜と金曜には部会が開かれ、クラウドへの理解を深めるところから始まった。社内にクラウドの前例はない。みずほFGの抱える課題は何か、その課題を解決できるのはどのクラウドか、それ

共通機能を整備する

④セキュアに使うための
　共通機能を構築

⑤セキュアに使うための
　ガイドラインを作成

⑥クラウドの進化を
　把握

規程・ガイドを整備する

②自社に合わせた
　権限分掌と権限整理

③データ保全・配置
　について整理

クラウドを知る

①クラウド管理態勢を
　評価

**図1：みずほFGにおけるCCoEによるリスク管理やセキュリティに関する議論の
ステップ**
（みずほFGの資料に基づいて作成）

とも複数のクラウドを適材適所で使い分けるのがいいのか。それぞれの部門が意見を持ち寄り、ゼロからの議論が進められた。そうした議論の一例として、リスク管理やセキュリティ管理における議論のステップを示す（図1）。

　部会におけるゼロからの議論は、「未開の地を耕しながら、夢を語る」ような感覚が伴った。よく言えば自由闊達、悪く言えば全員が言いたい放題。ルールや実際の運用は二の次で自由にプランニングしてしまうユーザー部門と、リスクを察知したIT部門がぶつかり、大規模な議論に発展することも一度や二度ではなかった。

　「例えば、運用側の事情をよく知らないメンバーがいきなり『何百というシステムをクラウドに乗せます』という報告を上げてしまい、運用側は驚いて『そんなの聞いてないよ、絶対に回らない』、みたいな。細かい話から大きな話まで、侃々諤々（かんかんがくがく）な議論の引き金は本当にいろいろありました」（渡邊）

　それでもCCoEのメンバーは、全員のコンセンサスを取って前に

進もうとした。「ここがリーダーをはじめとしたマネジメント側の すごいところなのですが、会議がどんなに紛糾しても、一人ひとり の意見を決してないがしろにしませんでした。議論の内容はすべて 録音し、一言一句書き起こし、全員で共有していました。お互いの 立場を尊重しながら意見を出し合い、いざ決定したら全員で同じ方 向を向いて臨めるチームへと変貌を遂げていきました」

　メンバー間での役職やヒエラルキーに拘らず建設的な議論をしよ うと務める姿勢が、事実や実態を真正面から受け止め、前向きに対 処する新たなカルチャーを醸成した。

　うまくいかない施策もあったが、それが誰の責任か一度でも追求 すれば、安心して発言できる空気が壊れてしまう。失敗の責任を押 し付け合うようなことは一切せず、全員で振り返り、もう一度考え 直した。

　「クラウドを活用できない組織に未来はない。それはCCoEメン バー全員が共通して持っていた危機感でした。でも、リーダーが後 ろ向きだったり、メンバーが自分一人の声ではどうにもならないと 感じていたら、みんな絶対にここまで熱くならなかった。みんなで いいものを作っていこう、どうやったらできるかなと徹底的に話し 合ったこの時間が、すごく楽しかったですね」（渡邊）

「守り」の矜持と突き進む姿勢

　CCoEメンバーの中でも、システムリスク管理室にいる渡邊は、 「守り」でありながら「攻め」のマインドを持ち続ける特殊な立ち位 置だ。既存のルールや正論を盾にユーザー部門の訴えを退けるだけ なら、「守り」の仕事は簡単である。ただ渡邊は、それだけでは不 十分だと考える。渡邊にとってセキュリティは、高い堅牢性が求め

られる金融機関でクラウドを浸透させるための「攻め」の手段だ。本当にダメなものならダメだとはっきり伝えるが、ユーザー部門がやりたいことを安全に実現するにはどうすればいいか、常に思考を巡らせている。

実は渡邊は、CCoEに入って初めてクラウドに触れたと言う。

「私がCCoEに呼ばれたのは、みずほFGがクラウドを使うことのリスクを徹底的に洗い出してほしかったからだと思います。確かに、オンプレミスを前提としたガバナンスの策定やセキュリティ対策の経験はありましたが、クラウドは触れたことも、立ち上げたこともなかったんです」

ここから渡邊は、どのようにしてクラウド特有のセキュリティやガバナンスの知識を習得していったのだろうか。

まずは参考書を買って読んでみた。しかし、眠気が勝ってどうしても続かない。独学に限界を感じた渡邊は、CCoEの中でも特にクラウドの知見が豊富なメンバーに勉強会の開催を持ちかけた。

「勉強会はわかりやすいとすぐに評判になり、みんなが進んで参加するようになりました。オンプレミスとクラウドの違い、リージョンとは何か、IAM（Identity and Access Management）やロール権限の考え方などもここで学びました。次第に、『この前議論に上ったあれ、これを使ったら解決できるのでは』というアイデアも出てくるようになって。外部のセミナーや参考書で勉強するのもいいですが、同じ空気を吸っている同僚に教えてもらうのが私は一番身になりました」

わからないことはとにかく周囲に聞いて調べて解消する——渡邊は徹底してこのやり方を続けている。不安そうな若手には、「私もわかっていないから一緒に頑張ろう」と声をかけ、勉強会に誘う。クラウドの進化は速い。受け身の姿勢では追従できない。わからな

いことなどあって当たり前。好奇心を持って突き進んで行くことでしか道は開かれない。

踊り場を迎えたCCoE

　2018年から2021年初めまでの3年間でみずほFGのクラウド活用は急速に進展した。さまざまなクラウドサービスを比較検討する動きが活発化し、設計の工夫や使い方のバリエーションも増えてきた。一般に「クラウドジャーニー」と呼ばれるクラウド移行の道筋で言えば、ステップ3の標準化／高度化の途中まで進んでいる（図2）。

　顧客向けのサービスでは、開発期間の大幅な短縮に成功している。ある法人向けサービスの場合、オンプレミスなら2年弱かかるところ、6カ月でリリースできたと言う。

　2019年には、グループ共通のプラットフォーム・通称「みずほAWS」を構築。ログ管理、ID管理などの機能をIT部門側で一元管理し、統制を利かせられるようになった。2021年には要望の多かったインターネット基盤を整備。ユーザーはさらに増える見込みだ。

　渡邊は、みずほFGのユーザー部門にも、CCoEによってもたらされた変化を聞いてみた。「『何かクラウド化できるものはないか』という目線を持つことができたことが大きな一歩だった」という答えが返ってきた。また、クラウドのリスクや、ベンダーとの調整、見積もりの相場観、クラウドが最適な選択肢かどうかの判断など、CCoEのサポートによって安心して進められていると言う。

　一方で、新たな課題も生まれている。「可能な限りリスクを減らそうとした結果、統制を利かせすぎてしまい、クラウドの良さを生かしきれていません。ユーザー部門からは、『利用制限が多くて使いにくいみずほAWSではなく、新たに構築したい』と言われてしま

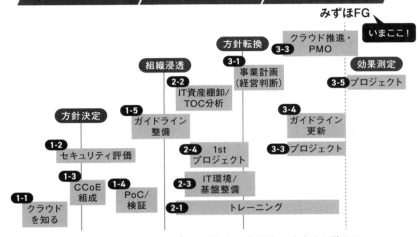

図2：みずほFGは3年間でステップ3の標準化／高度化の途中まで進んだ
（みずほFGの資料に基づいて作成）

うことも。統制と利便性のバランスをどうとっていくのか、は難し
い課題だと考えています」

　また、CCoEに対する社内の認識と、CCoE自身が考える役割と
のギャップも浮き彫りになってきた。みずほFGのCCoEの役割はあ
くまでもアドバイスやサポート。最終決定権を持つのはユーザー部
門である。

　CCoEが始まった当初は、各部門がそれぞれの立場を尊重し合い、
意見を戦わせることができたからこそリスクマネジメントができて
いた。「リスクに関してあくまでも中立的な視点で見るのが私たち
の役割です。中に入って一緒に作り込むようなことをすれば、フラッ
トな判断がしにくくなる可能性があります。個別案件の推進はあく
までも各ユーザー部門のプロジェクトマネージャーの仕事です。改

めて、CCoEの役割を社内に周知していかないといけません」

ユーザー部門の存在感を引き出す

　今のみずほFG CCoEに足りない要素は何か。どうすれば再活性化できるのか。渡邊は社外のクラウドコミュニティに参加し、他社のCCoEとコミュニケーションを重ねるうちに、一つの結論にたどり着いた。

　「他社の取り組みを聞くと、ユーザー部門が中心となってCCoEを組成するパターンがうまくいっているようです。お客さまのニーズや業務課題を熟知しているのがユーザー部門の強みです。それらの課題をクラウドでどのように解決していくか考えるのが本来のCCoEのあるべき姿に近いような気もします。しかし、ユーザー部門だけでもきっとうまくいきません。目の前のお客さまや業務を注視するあまり、セキュリティをはじめとする非機能要件が後回しになりがちだからです。ユーザー部門主導で動きながら、私たちがビジネスを円滑に進めるためのセキュリティを考える。そうすれば、クラウド活用はもっと安全で楽しいものにできるのではないかと思っています」

CCoEは、なくならない方がいい

　大日本印刷（DNP）、NTTドコモなど、これまで登場してきたCCoEに共通しているのは、「CCoEはいずれなくなるのが理想」と考えている点だ。CCoEがいなくても、ユーザー部門が自立的にクラウドを使いこなせるようになることをゴールに掲げている。みずほFGの場合はどうか。

「CCoEは、なくならない方がいいと思います。クラウドは縦割りでは機能しません。みずほFGのようなとても大きな組織では、攻めと守り、さまざまなミッションを持った部門が参画し、横串を通して見られる存在が不可欠だと思います。立ち上げから3年、紆余曲折ありましたが、私たちはまだまだ成長しなければなりません」

　成長の鍵は、ガートナーが提唱した「バイモーダルIT」でいうところの「モード2」の開発思想を体現できる人材を育成することにあると言う。「バイモーダルIT」では、ITは2つのモードに分けられる。「守りのIT」と「攻めのIT」を端的に示したもので、システムの安定性や信頼性、コスト削減や効率化を重視する守りのIT「モード1」と、開発、改善のスピードやユーザー体験などを重視する攻めのIT「モード2」だ[※1]。ITを使った新規ビジネスや顧客接点の創出には、「モード2」の発想が不可欠だと言われている。渡邊は、今あるガバナンスの課題に取り組み、みずほAWSを軌道に乗せた後は、「モード2」案件にも積極的に取り組んでいきたいと考えている。「常にお客さまと向き合っているユーザー部門のメンバーを増やし、攻めと守りのバランスが取れたCCoEを目指す不断の取り組みが必要だと考えています」

※1　バイモーダルITについては以下を参照。
　　ガートナー、日本におけるテクノロジ人材の将来に関する2019年の展望を発表 - 企業はテクノロジ人材関連の重大な影響を認識し、早期に取り組むべき
　　https://www.gartner.co.jp/ja/newsroom/press-releases/pr-20190402
　　（2021年10月15日閲覧）

　　「バイモーダルIT」のカギは若手ITエンジニア育成にあり
　　https://www.mizuho-ir.co.jp/publication/column/2019/0312.html
　　（2021年10月15日閲覧）

5-6

進んでいるからこそ、正面から クラウドネイティブに向き合う

ビジョナル

人材サービスのビズリーチなどを傘下に持つビジョナルは、2012年からオンプレミス環境のクラウド移行を本格的に開始、現在ではフルクラウドを実現している。早くからクラウド活用に取り組んだ同社の活動は、国内のクラウドコミュニティでは「最も進んでいるCCoE」との呼び声も高い。それでも、「フルクラウドの先」にある「真のクラウドネイティブ」に向けてCCoEの挑戦は続く。

　「僕たちは何のために存在しているのか」。ビジョナルのCCoEに属する粟田啓介は自問自答の日々を送っている。

　2009年の創業当初はオンプレミス環境だったが、2012年から本格的にクラウド移行を開始し、現在ではフルクラウドを実現しているビジョナルグループ。2018年8月からクラウドの非機能要件を改善する目的で活動していた粟田らのチームは、2021年2月からCCoEと名乗り始めた。CCoEとなってからの歴史は浅いが、国内のクラウドコミュニティの中では「最も進んでいるCCoE」との呼び声も高い。にもかかわらず、粟田は悩んでいるようだ。

　「僕たちが提供している仕組みは結構よくできていると思います。マルチクラウドで、はじめからうまくスケールできるように設計し

ていますし、会社全体がクラウドファーストであることは間違いありません。でも、自分たちCCoEの責務は何か、まだはっきり捉えられていないんです。社内では、『CCoEは必要だ』と思われているし、役に立っているとも言ってもらえる。でも、『存在意義は何ですか』と問われたら、『こうだ』と自信を持って言えるほど明確に定義できていません。だから、どの課題から、どう手をつければいいのか、迷ってしまうことがあるのです」

　思いついた施策をすぐさま行動に移せることは重要だ。アジリティの高さはクラウドの良さでもある。一方で、この施策は本当にやる意味があるのか、ほかにやりようはないのか、立ち止まって課題と向き合うことも同じくらい大切だと粟田は考えている。

ゴール設定の難しさ

　「戦略がなかったというのが、僕らのアンチパターンですね」。ビ

ミッション	- CCoEとしてビジョナルの持続可能性を上げ、失敗率を下げることを推進し続ける 　- ビジョナルの持続可能性を上げる 　　- クラウドが事業の成長を妨げる要因にならない 　- ビジョナルの失敗率を下げる 　　- 内外からの事業に対するリスクを最小化する
ビジョン	- クラウドネイティブを実現する 　- クラウドにて高いアジリティとスピードを備えた状態 　- クラウドのコストが最適化された状態 　- クラウドガバナンスが満たされた状態 　- クラウドのコストが最適化された状態
バリュー	- Don't Leave Issues（課題を放置しない） 　- 課題と向き合い続ける - Make it Visible（可視化する） 　- 現状を正しく把握し、課題発見と健全な成長を促す - No Ops, More Code（運用を自動化し、コードに注力する） 　- エンジニアが開発と事業成長に注力できる環境を提供する

図1：ビジョナル CCoEが定めたミッション・ビジョン・バリュー
（ビジョナルの資料に基づいて作成）

ジョナルのテックリードでCCoEリーダーを務める長原佑紀はこう語る。CCoEに限らずどの組織にも言えることだが、中長期的な視点でミッションが定まっていないと、目の前の課題に気を取られ、場当たり的な対応になりがちだ。

　ビジョナルのCCoEでは、その正式な設立前から、約1年かけて議論を尽くし、自分たちのミッション、ビジョン、バリューを定めた（図1）。

　究極的なミッションは、「ビジョナルの持続可能性を上げ、失敗率を下げること」と設定した。失敗率を下げるためのアプローチは2つある。クラウドへのアプローチと、人・組織へのアプローチだ。

　クラウドへのアプローチは、ガバナンスを強化すること。それによって安全で効率的なクラウド活用をユーザー自身がセルフサービスで実現できるようになることを目指す。人・組織へのアプローチは、トレーニングやテクニカルサポート、ナレッジの共有などを通じ、組織全体でクラウド活用レベルの底上げを図っていくことだ（図2）。

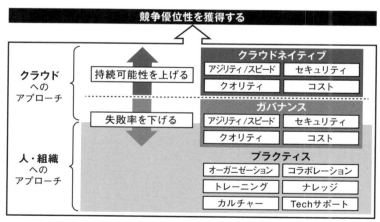

図2：ビジョナルのCCoEによる活動の全体像
（ビジョナルの資料に基づいて作成）

乗せただけではクラウドネイティブではない

　ミッションは、「クラウドネイティブを実現する」とした。フル
クラウドを実現しているビジョナルは、すでにクラウドネイティブ
ではないのか。粟田によれば、その状態はまだクラウドネイティブ
とは言えないらしい。粟田の考えるクラウドネイティブとは何か。

　「クラウドだからこその良いところってあるはずなんです。クラ
ウドだからこそビジネス変化に迅速に対応できる、クラウドだから
こそビジネスリスクを柔軟にカバーできる。クラウドネイティブと
は、先にビジネスがあり、その手段としてクラウドを正しく活用で
きているかどうかなのだと思っています。うちは全部クラウドに乗
せています。ある程度スケールする安心・安全な基盤を提供してい
ます。でも、その先の、ビジネスに適用するとか、イノベーション
を加速させる風土を作るとか、そういったところまでには至ってい
ないのです」

誰と話せば最短処理でビジネスに適用できるのか

　「クラウドをビジネスに適用できていない」という課題は、CCoE
内だけではなく、CTO、CIO、CISOといった経営層とも共有でき
ている。DXは経営層が旗振り役となり、トップダウンで進めるの
が一つの成功パターンだと言われている。クラウドをビジネスに適
用するのも同様に、鶴の一声が効くのだろうか。

　粟田は、「経営層とのコミュニケーションは当然必要」としなが
らも、「最終的に大事なのは、事業部のメンバーが納得してクラウ
ドを使ってくれるかどうか」だと言う。ビジョナルの場合、CCoE
がガバナンスを効かせながら、それぞれの事業部が自立してクラウ

ドを活用している。この環境で重要なのは、事業部のエンジニアの
キーマンといかに認識を共有できるかだ。「押し売りはダメ。事業
部のメンバーに『CCoE＝面倒くさい人たち』と認識されたら、協力
関係が崩れてしまいます。クラウドを使うことで事業を加速できる
という認識や実例をいかに生み出していけるかがポイントです」

　長原は、順番として最初に「クラウドをビジネスに適用する」とい
う方向性を経営層の口から周知してもらうことがポイントだと指
摘する。「組織全体で方向性が共有できていれば、事業部から見た
CCoEの役割も明確になり、相談しやすくなると思います。また、
本気でビジネスへの適用を考えるなら、組織全体の戦略と連動させ
る必要があると思っています」

お金に換算しにくい成果は、とにかく書き出す

　「CCoEが存在することで会社は何が変わったのだろう」。これも
粟田が2年あまりずっと自問自答し続けているテーマだ。

　「CCoEは、ユーザーが社内の人ということもあり、顧客向けの
サービスのようにフィードバックが頻繁に得られるわけではありま
せん。『もしかして何も変えられていないのでは』と思ってしまい
がちです。でも、冷静に一歩引いて見ると、すごく変わっています。
特に、クラウドネイティブ化に向けたガバナンス、セキュリティレ
ベルについてはかなり向上していると思っています」

　例えば、ビジョナルでは、クラウドの非機能要件を改善するため
の部署として活動し始めた2年ほど前までは、クラウドの設定は
チェックシートを使って人手で実施していた。しかし、人手では
チェック作業が煩雑になりすぎて、その結果に意味があるのかもわ
からなくなってしまった。そこで一度立ち止まり、システム化、自

図3：当初70％台だったガバナンス準拠率は、今では99％台と高水準にある（ビジョナル提供）

動化に舵を切ったのだ。

　現在のビジョナルは、クラウドの新規アカウントやプロジェクトの作成・削除はCCoEが担い、最低限必要な設定を適用したうえで事業部に渡している。その後、不適切な設定がされた場合はすぐに検知され、事業部が自律的に修正するというサイクルが回せるようになっている。不適切なアクションやサイバー攻撃の類を検知できた場合も、セキュリティチームが迅速に対応できるよう整備されている。

　ガバナンスが強化されたことが最もわかりやすいのがこの画面だ（図3）。

　「当初は、ガバナンス準拠率70％台でした。今では20,000弱あるガバナンス評価のうちの99％台後半が準拠しており、安全性の高い状態でクラウドが運営できていると言っていいと思います。2年ほどかけて、ようやくここまで来たのですが、新しいリスクは次々と発生します。『こうすれば安全』という大元のルールは継続してアップデートしていく必要があります」

　コストに関しては、CCoEが契約関係を取りまとめ、支払いのフローや予算申請なども担当することで、組織全体のコスト削減に寄与している

　プラクティスの提供に関しては、事業部からのサポート要請に急行したり、スポットで案件を手伝ったりすることもある。また、グ

ループ横断組織ならではの動き方として、社内から「他のグループ会社でこういう技術を使っているところはないか」という質問があれば、担当者同士をつなぐなどの役割も果たしている。

CCoEが中心となってクラウドベンダーとのオフィスアワーを定期的に開催したり、ハンズオンやウェビナーを主催、登壇するなど、社内外の知見を積極的に取り入れ、自ら発信することにも力を入れている。

これらの成果の多くはお金に換算しにくい。そのため、クラウドに関心の低い経営層の下では、重要性を正当に評価してもらうのが難しい場合もあるだろう。ビジョナルのような経営層の理解に恵まれていた環境であったとしても、粟田のように、自分で自信が持てなくなってしまうときがある。粟田はマインドマップツールのヘビーユーザーで、これまでの活動を細かく書き出している。そうすることで、CCoE活動の全貌が俯瞰して見えるとともに、着実に前進していることを自覚でき、人にも説明しやすくなるのだ。

悩み、立ち止まることを恐れない

ビジョナルのCCoEは粟田、長原を含む専任の7名で構成されている。二人が考える「CCoEに向く人」とは、どのような特徴を備えているのだろうか。

長原は、ある程度のテクニカルスキルとコミュニケーション能力は必要としたうえで、ユーザー部門である事業部の都合を考慮できる人だと言う。

「独りよがりのルールを押し付けることは、結局ユーザー部門との戦いを招きかねません。CCoEはサービスを提供する側であると自覚することが不可欠。そのうえで、全社横断的なチャレンジがし

たいという人にはぴったりだと思います」

　粟田は、「いかに課題を発見できるかが重要だ」と言う。

　「組織にはびこる本質的な課題を定義するのは、実はものすごく難しいことです。僕たちCCoEは組織横断的に課題を解決していくチームですが、課題の中には組織横断で対応した方が良いものと、各事業部が個別に対策した方が良いものの両方があります。課題の真因を探り当て、なぜ組織横断でやるのか、なぜ個別に対応するのか、を構想できるというのが重要なのではないかと。正にビジョナルのCCoEメンバー全員が考えてくれているところじゃないかな、と思っています」

　面倒でも、どれだけ時間がかかっても、課題の真因に踏み込むことを恐れない。見て見ぬ振りをして、上辺だけの対応で解決した気になる方が後々もっと怖いのだ。

アジャイルなチームの見守り型CCoEリーダー

　粟田は迷いが生じるといつも、長原と壁打ちをすると明かす。

　「長原さんには本当に助けられています。CCoEが提供するものは中長期的に運用していくもの。長原さんは、長くスムーズに運用していくための設計を一番真剣に考えてくれる人です。技術力やアジリティがあるからといって、『パッと作って、露見している課題だけを解決して終わり』ではないんです。背中を押してくれるのも、止めてくれるのも長原さん」。粟田の言葉には、CCoEリーダー長原への信頼が溢れていた。

　長原は、過去に障害やインシデントへの対応を数多く経験してきたそうだ。「アンチパターンが染み付いているんです。『最低限こうはならないように』ということは多少意識するようにしています」

すかさず粟田が「長原さんは、人を傷つけないコミュニケーションができる」と言うと、長原は、「何事も穏便に済ませたいだけ」と笑う。

　長原は、見守り型のCCoEリーダーだ。「統率はしていないですね。チームの動きとしては基本的にアジャイル開発と同じです。大きな施策を決めたうえで、1週間ごとに個別にプランニングして進めていくという手法をとっています。私はテクニカル面で全体を注視したり、1on1でフォローアップをしていますが、あとはそれぞれスクラムの中で話し合って進めています」

悩みは尽きない

　「最も進んでいるCCoE」と評されるビジョナルも、自分たちが決めたミッション・ビジョン・バリューに向けては道半ばだと自覚している。そのうえで、これからCCoEを立ち上げる、あるいは行き詰まっている人に出会ったら、粟田は何を伝えるのだろうか。

　「CCoEは、まだどこにも明確な定義なんてないと思っています。だから、自分が信じたことがCCoEだと思っています。『自分がクラウドにどんな価値を付与できるか、会社や組織に貢献するという観点で、どのように付加できるか』が面白いところだと思っています。自分なりの『CCoEってこういうものだよね』という意義や役割を見つけて、ぜひ、いろいろなところでアウトプットしてください」

　ビジネスも、それを支えるテクノロジーも変わり続ける。粟田は自分が信じるCCoEを求め、これからも自問自答し続けるのだろう。

第 **6** 章

第2部まとめ

第2部ではこれまで、
比較的早くCCoEに取り組んだ企業の事例を、
主にCCoEを率いるリーダーの視点で紹介した。
その取材では、各企業のCCoEリーダーに
長時間のインタビューを実施、
CCoE立ち上げから現在に至るまでの行動内容に加え、
その源となる志についても赤裸々に語ってもらった。
インタビューを実施して第2部を執筆した酒井が、
そうしたリーダーのあり方とアプローチの方法を解説する。

リーダーのあり方と
成功するアプローチ

　皆さんは、CCoE（クラウド・センター・オブ・エクセレンス）という言葉をご存知だっただろうか。この取材に入る前、CCoEという言葉になじみのなかった筆者は、Google先生を頼った。すると、本書の共著者、野村総合研究所の遠山陽介が書いた次の文章に出会った[※1]。

「クラウドの最新情報をいち早く自社システムに取り入れようとする動きが大企業においても加速している。一方で、適切なガバナンス下で進めないと、さまざまなリスクが生じる恐れもある。そこで重要になるのが、クラウド活用を推進する専門組織CCoE（Cloud Center of Excellence）である」

　ガートナーが提唱する「バイモーダルIT」によると、企業におけるITの営みは大きく、安定性や信頼性、コスト削減や効率化を重視する「守りのIT」と、開発、改善のスピードやユーザー体験など

....

※1　以下のリンクから読むことができる。
　　「クラウドの安全で積極的な活用のために」
　　https://www.nri.com/jp/knowledge/publication/cc/it_solution/lst/2020/01/03
　　（2021年10月15日閲覧）

を重視する「攻めのIT」に分けられる。CCoEは、組織にクラウドという新たな武器をもたらす「攻め」でありながら、そのリスクを軽減しようとする「守り」でもあるようだ。つまり二刀流。もしかするとCCoEとは、ものすごく大変なことをしている人たちなのではないだろうか。

ものすごく大変な、泥臭い仕事

クラウドを導入するということは、その組織がこれまで培ってきたIT資産や業務プロセス、カルチャーにまでメスを入れるということだ。積み重ねてきたものを否定することにも似ている。変化を恐れる現状維持バイアスは人間に備わった本能だ。一歩間違えれば、今まで必死になって成果を上げてきた仲間からの反発も招きかねない。それでも信じた道を突き進み、熱意、あるいは使命感をもって人々を変革のうねりへと巻き込んでいくのがCCoEだとすれば、クラウドの先進性とはかけ離れた泥臭い仕事である。

「クラウドはみんなを幸せにする技術」。インタビューの中で、富士フイルムビジネスイノベーション（富士フイルムBI）の田中圭はそう語った。エンジニアや特定の部門だけではなく、「みんな」。KDDIの大橋衛がインタビューの際に言い切った「クラウドを禁止にしたら、うちの会社は潰れる」という言葉も、みずほフィナンシャルグループ（みずほFG）の渡邊裕子らが感じていた「クラウドを活用できない組織に未来はない」という危機感も、根っこにある思いは同じだ。みんなを幸せにするために、そのときは厳しい言葉が必要だったのだ。

筆者も、クラウドの力を信じている。筆者は執筆を生業とする少し前の3年間、企業の情報システム部門に所属していた。ちょうどIT基盤をオンプレミスからクラウドに移行し始めた時期で、既存

システムの運用に多くの時間を割いていた周囲のエンジニアたちが前向きになっていく様子を目の当たりにした。エンジニアと事業部門との間で、工数や手間ひまに関する話題がぐっと減り、エンジニアから事業部門では思いつかないような提案が生まれる場面が増えたのだ。眠れる獅子ではないが、エンジニアが本来の力を発揮する姿を見てしまった。

　クラウドでみんなを幸せにするために、CCoEに必要なものは何か。その答えを探るべく、「CCoEリーダーのあり方」、「CCoEを成功に導いたアプローチ」という2つの観点で、インタビューを振り返ってみよう。

CCoEの成否を分かつポイント：CCoEリーダー編

　各社のCCoEリーダーの姿勢や行動から、CCoEの成功のヒントを探る。当然ながら、何がハマるかは、組織によって異なる。そのため、このとおりにやって必ずうまくいくとは言えないが、道に迷ったときの指針として提示してみよう（図1）。

CCoEリーダーは、良き「ジャーマネ」であれ

　大日本印刷（DNP）初代CCoEリーダーの和田剛は、情熱を内に秘めた人だ。普段は輪の中心から一歩引いてメンバーの活躍を優しく見守るタイプ。しかし、いざ一人にして話を聞くと止まらない。

　演技ができる人でもある。和田はCCoEリーダーの要件として、「どんな状況でも楽しめるように工夫できること」を挙げた。

「私はかつて、24時間365日の対応が求められる運用部門にいました。

一、CCoEリーダーは、良き「ジャーマネ」であれ

一、CCoEリーダーは、「好き」の力を信じよう

一、CCoEリーダーは、人間の弱さを知り、優しくあれ

一、CCoEリーダーは、発信力を養うべし

一、CCoEリーダーは、メンバー全員の意見を尊重すべし

図1：CCoEリーダー 5箇条の心得

システムには障害がつきものですが、そうした困難な状況をできる
だけ楽しもうと、障害が発生してから数分できれいな障害報告書が
できる仕組みを作ったんです」

　和田は、「しかめっ面の人から魅力的なサービスは生まれない」
と考えている。だから、全く笑えない状況でも楽しさを演出し、ハッ
ピーでいることを意識しているという。
　ここで浮かび上がる一つの疑問。和田は本当にハッピーなのだろ
うか。それとも、ハッピーを装っているだけなのか。もう一つ、和
田という人をよく表すエピソードがある。

「10年以上前に『怒らない技術』という本を読んでから、全く怒らな
くなりました。怒りにエネルギーを費やすのは時間の無駄ですし、

怒っているうちは自分ではない誰かに責任転嫁してしまっているんですよね。深い話ができる仲になるとこの話を打ち明けたりするのですが、『怒ってくれた方がマシです。怖いです』と言われます」

　人を楽しませるためならピエロにも仏にもなれる和田。10年以上というから、もう役が貼り付いて、本当の自分になってしまっているのかもしれない。

　実は、演技ができるというのは、仕事のできるリーダーによく見られる特徴だ。ここで言う演技とは、裏と表、本音と建前を使い分けるというような凡庸な話ではない。チームを鼓舞するため、物事をスムーズに進めるために、場面場面で最適な言動を使い分けられるということだ。潤滑油とも違う。自らを「目的を達成するための道具」として制御するような感覚だ。

　リーダーの親戚のような言葉に「マネージャー」がある。マネージャーと聞くと、管理職を指すマネージャーか、芸能人やスポーツチームを支えるマネージャー（親しみを込めてジャーマネと呼ぶ人もいる）を思い浮かべるのではないだろうか。一般に前者は部下を率いる上司を、後者は主役を盛り立てるために駆けずり回る人を想起するだろう。しかし、仕事のできる上司の多くは、後者のスキルを多分に持っている。メンバーそれぞれの個性や長所を生かし、できるだけ多くの活躍の場を作ろうとする。そして、このスキルをより一層求められるのが、CCoEリーダーだ。

　和田は、CCoEに向くのは「周囲の成長や成功を心から喜べる人」だと断言する。和田は学生時代、好きになったインディーズバンドのプロモーション活動に励んでいた。根っからのジャーマネだ。「バンドがクラウドに変わっただけで、気持ちも活動内容も、ほとんど変わっていない気がします」、そう言って和田は少し呆れたように

笑った。

　ビジョナルのCCoEリーダー長原佑紀も、見守り型のジャーマネだ。チームメンバーの意見や行動を尊重している。

「統率はしていないですね。チームの動きとしては基本的にアジャイル開発と同じです。大きな施策を決めたうえで、1週間ごとに個別にプランニングして進めていくという手法をとっています。私はテクニカル面で全体を注視したり、1on1でフォローアップをしていますが、あとはそれぞれスクラムの中で話し合って進めています」

　長原は、CCoEメンバーのパフォーマンスが遺憾なく発揮されるよう、サポート役に徹しているように見える。例えば、課題と深く向き合うことが得意なメンバー粟田とは何度も何時間も会話する。粟田の思考を整理することが、CCoEのパフォーマンスを最大化することにつながると信じているからだ。

　おそらく長原自身、粟田の思考が整理されていく過程を楽しんでいる。長原と粟田を同時にインタビューした際も、エンジニア同士、互いをリスペクトしている様子が伝わってきた。

CCoEリーダーは、「好き」の力を信じよう

　NTTドコモのCCoEリーダー秋永和計は、「好きでやっているのが一番」と言う。それを端的に表したのが、秋永がよくCCoEメンバーに投げかける「ググってドキュメントを読んで手を動かして、話はそれからだ」という言葉だ。

　NTTドコモは、クラウド黎明期の2009年、研究開発部門が検証目的でクラウドを使い始めた。2012年からは、秋永らを中心に米国のクラウドベンダー本社と直接議論を重ね、本格的な企業利用に不

可欠な機能の実装を働きかけてきた。やらされ仕事では何も変えられないということを、秋永は身をもって知っている。

　NTTドコモのCCoEメンバーは基本的に立候補制だ。新しい機能やサービスのベータ版が出たらすぐに申し込み、手にした瞬間触ってみるような自主性を重視している。クラウド資格の取得にも積極的だ。忙しい業務の合間を縫って難関資格に挑戦している。好きだからこそ自らの意思で上を目指せる。好きでなければ続かない。

　取材した5社の中で最も長い歴史があり、成熟して見えたNTTドコモのCCoE。最近の課題は、クラウドに関心が低い人をどう巻き込んでいくか、だ。頻繁に社内事例共有会や初心者トレーニングを開催しているそうだが、新型コロナ対策でテレワークが推奨される以前から、全国の支社や子会社の社員も参加しやすいよう、オンラインで配信しているという。ここでも秋永に、何が何でも参加させるというような強引さはない。

「面白いネタじゃないと人は集まりません。そこは本当にシビア（笑）。例えば、大規模カンファレンスの速報や、発表されたばかりの機能やサービス、話題のトピックであれば、みな食指が動くみたいです。ある意味、健全。義務感で参加している人はいないということでしょう」

　CCoEがいくら頑張ってお膳立てしたところで、本人たちにその気がなければ望んだ結果は得られない。冷たく突き放しているようで極めて本質的だ。

　今回取材したCCoEの多くが、「CCoEがなくても自立的にクラウドを活用できる組織にすること」をゴールに掲げている。クラウドがある程度浸透した次のステップでは、ユーザーの主体性を育てる

CCoEリーダーが必要なのかもしれない。

CCoEリーダーは、人間の弱さを知り、優しくあれ

KDDIのCCoEリーダー大橋衛は、正直な人だ。大橋はCCoEを、事実上2回立ち上げることになった。1度目の挑戦で思うようにいかなかった事情も、そのとき心を埋め尽くしていた感情も決して隠そうとはしない。インタビューの際には、等身大のストレートな言葉が著者の胸に響いた。そういう人だから、大橋の周りには人が集まるのかもしれない。

大橋は、「クラウドのような新しい文化をゼロから浸透させる活動は、いわば開国に等しい」と語る。

200年以上ものあいだ鎖国していた日本を開国に導いたペリーは、日本に出発する前、シーボルトの『NIPPON』をはじめ日本に関する40冊以上の資料を熟読、日本文化や国民性の理解に努めたという。その結果、ペリーは日本人が権威やプレッシャーに弱いとわかり、高圧的な態度で開国を迫ったと伝えられている――。

しかし、クラウドの浸透を開国になぞらえた大橋は、ペリーとは真逆に考えており、「CCoEは、人と人とをつなぐとか、人の心を変えていくとか、そういうことに情熱を傾けられる人でないと難しい」と断言する。

「技術畑にいると、技術論とエビデンスでぶん殴るということをやりがちです。知見に乏しい相手を論破しようと思ったら簡単なのですが、そんなんじゃ人は信頼してくれない。CCoEの役割は、自分たちの正論や傲慢さを押し通すことではありません。解決すべき課題に対し、クラウドがどう役に立てるか対話しながら一緒に考えていく。信頼関係なしには成立しません」

富士フイルムBIのCCoEリーダー田中圭も、「気軽に相談しやすい雰囲気づくりが大切」と語っている。確かに田中は、どんなことでもニコニコと聞いてくれそうな穏やかさをまとっている。そして、「それは私の役割ではない」が、彼の禁句だ。他人事にせず、自分ごととして考える。田中は、CCoEを「クラウドメンター」と位置づけ、素朴な疑問から、テクニカルなサポート、パートナー企業を紹介してほしいといったものまで、あらゆる相談に乗っている。

CCoEが目指す令和の開国は、信頼関係の構築をおいて成し遂げることはできない。相手の立場や不安に寄り添い、対話を重ねたうえで解決策を提示する姿勢が重要だ。「あの人なんか苦手」、「あの人に相談すると面倒くさいことになる」、そんなふうに心の距離を置かれては、開国など夢のまた夢になる。

CCoEリーダーは、発信力を養うべし

CCoEリーダー自身の発信力を高めることも重要だ。発信力の高め方はさまざまだが、KDDIの大橋は、社内にエキスパート制度ができ、ITアーキテクトという肩書が付いたことで、以前より話を聞いてもらえるようになったと感じているそうだ。

大橋にとってさらに重要なのは、社外のコミュニティで積極的に発信することだ。

「コミュニティ向けに発信したことが、巡り巡って顧客の口から上層部の耳に入ることもあります。『KDDIさん、クラウドをかなり使っているらしいじゃないですか、大橋さんって人が発表していましたよ』って。社内だけで発信していると、セクションが違う人には届かない。でも社外で発信すれば届くことがあるんです」

「情報は発信する人に集まる」とはよく言われることだが、発信は非常に勇気のいることだ。いきなり大人数の前で講演したり、ライトニングトークに手を挙げたりといったことが難しそうなら（筆者もその口だ）、まずはコミュニティで仲良くなった人に自分の取り組みを話したり、ブログやソーシャルメディアに書いてみるでもいいだろう。

　「誰かが背中を押してくれればできるかも」という人もいる（筆者もその口だ）。そんなメンバーに気づいたら、CCoEリーダーは、「やってみたら？」と声をかけたり、その機会を作ってあげるといいだろう。

　もう一つ、インタビューを通して気づいた、お勧めの発信力の高め方を紹介したい。それは、広報担当者と手を組むことだ。新聞をめくれば、数年前とは比べ物にならないほどIT関連のニュースが紙面に踊っている。DXがある種のバズワード化する中で、多くの広報担当者が、何か発信できないかと考えている。自社の引き出しの一つとしてCCoEの活動を認知してもらえれば、メディア各社にアピールできる可能性がある。

　だが、広報担当者が打ち出したい先進的なイメージと、CCoEの泥臭い活動にはギャップがあることも少なくない。新規性や独自性がないとニュースバリューがないと考える広報担当者も多いだろう。

　それでも、広報部門と協力体制を築くコツは、DNPの和田がヒントをくれている。情報発信に慎重だったDNPに初めて大規模カンファレンスでの講演依頼が舞い込んだとき、和田は広報部門に対し、クラウド用語から他社事例まで、CCoEの取り組みを一つひとつ丁寧に説明したという。そうすることで、発信する価値のある取り組みだと理解してもらえたそうだ。IT系の情報発信に慣れてい

ない広報担当者であれば、刺さるメディアや切り口を一緒に考えるのもいいだろう。要は、ウケると知らないからネタにしてもらえないだけで、ウケるとわかってネタにしない広報担当者はいない。

多くの読者や聴講者にとっては、特定企業の取り組みの「成否」はそれほど重要ではない。CCoEの活動を通して何を解決し、どんな未来を目指しているのか、そのためにどんな「試行錯誤」あるいは「失敗」を積み重ねて今に至るのか、CCoEの生き様のようなものを知りたいと思っている。頑張ってきた過程こそ正義であり、同じような課題を抱える誰かを救う情報だ。自信を持って発信してほしい。

CCoEリーダーは、メンバー全員の意見を尊重すべし

みずほFGでCCoEを務める渡邊裕子は、初代CCoEリーダーのマネジメントが個性豊かな20人のCCoEメンバーを一つにしたと振り返る。

2018年1月、新勘定系システム「MINORI」の活用と並ぶIT構造改革の一環として、グループ横断型のクラウド部会からスタートしたみずほFGのCCoE。はじめのうちは、リーダーほか数名の小規模な体制だったが、クラウドに想いのあるメンバーが一人、二人と手を挙げていき、一気に拡大。それぞれの部門が意見を持ち寄り、ゼロからの議論が進められた。ルールや実際の運用は二の次で自由にプランニングしてしまうユーザー部門と、リスクを察知したIT部門がぶつかり、大規模な議論に発展することも一度や二度ではなかったそうだ。

しかし、会議がどんなに紛糾しようとも、CCoEリーダーは一人ひとりの意見をないがしろにせず、全員のコンセンサスを取って前に進もうとした。

渡邊は、次のように語る。

「議論の内容はすべて録音し、一言一句書き起こし、全員で共有していました。お互いの立場を尊重しながら意見を出し合い、いざ決定したら全員で同じ方向を向いて臨めるチームへと変貌を遂げていきました」

　合議制ではない。それぞれがその道のプロとして意見を出し合うことで、よりよい答えを導き出すというものだ。

　うまくいかなかった施策もあったが、一度でも誰かの責任を追求すれば、心理的安全性が損なわれる。失敗の責任を押し付け合うようなことは一切せず、全員で振り返り、もう一度考え直した。建設的な議論をしようと務めるリーダーの姿勢が、一丸となって前向きに対処するCCoEのカルチャーを醸成したのだ。

CCoEの成否を分かつポイント：アプローチ編

　続いて、5社の取材から見えてきた、CCoEを成功に導くアプローチを紹介しよう。こちらもハマるかハマらないかはその組織次第。こちらも道に迷ったときの助けになれば幸いだ（図2）。

ユーザー部門とIT部門のコラボレーション

　CCoEはIT部門に設置するのがいいのか、ユーザー部門（事業部門）に設置するのがいいのか。CCoEコミュニティでたびたび議論されるテーマである。クラウドに関する知見だけで言えば、IT部門にあるのがいいようにも思えるが、実際はどうなのだろうか。

　富士フイルムBIでは、2014年（当時は富士ゼロックス）、クラウ

一、ユーザー部門とIT部門のコラボレーション

一、ガイドラインではなくガバナンス

一、カルチャーを変革する

一、セキュリティは「攻め」の手段

一、外の世界に目を向ける

図2：CCoEアプローチ 5箇条の心得

ドのユーザー部門にあたるサービス開発部門にCCoEを設置した。現在では、主要な顧客向けサービスのほとんどがクラウド上で稼働し、検証環境を含む総テナント数は100を超えている。

　富士フイルムBIのCCoEリーダー田中は、以前IT部門でプライベートクラウドの構築・運用を担っていた。そのため、IT部門とユーザー部門両方の要素を持っている。田中はユーザー部門にCCoEを設置するメリットを、「部門内の前提や内情があらかじめ共有できていて相談や検討がスムーズ。組織の壁や文化の違いがない分、潜在的な課題も吸い上げやすい」と語る。さらに、自分たちがクラウドを使いこなせなければ、社外に提供するサービスの質は落ち、顧客の期待に応えるのが難しくなっていくと考えているようだ。

　コストへのこだわりも強い。次のサービス開発費用を確保するため、クラウドにかかるコストは少しでも安く抑えたいという。

「IT部門を中心にコスト削減を考えた場合、どうしてもインフラに目が向いてしまうんです。しかし、サービスにかかるコストは当然インフラだけではありません。OSやミドルウェア、さらには開発報酬にかかわるアプリケーションのコード量の削減まで視野に入れ、より大幅なコスト削減を狙っています」

みずほFGのCCoE 渡邊は、今の自分たちに足りないのは、ユーザー部門の存在感だと語っている。

「他社の取り組みを聞くと、ユーザー部門が中心となってCCoEを組成するパターンがうまくいっているようです。顧客のニーズや業務課題を熟知しているのがユーザー部門の強みです。それらの課題をクラウドでどのように解決していくか考えるのが本来のCCoEのあるべき姿に近いような気もします。しかし、ユーザー部門だけでもきっとうまくいきません。目の前の顧客や業務を注視するあまり、セキュリティをはじめとする非機能要件が後回しになりがちです。ユーザー部門主導で動きながら、私たちがビジネスを円滑に進めるためのセキュリティを考える。そうすれば、クラウド活用はもっと安全で楽しいものにできるのではないかと思っています」

本当の意味で組織にクラウドを根づかせるためには、ビジネス、つまり収益や企業価値向上にかかわるところでクラウドを活用していきたい。IT部門だけでCCoEを組成した場合、ビジネスよりも管理することに目が行きがちになる。ビジネスと管理がうまく噛み合うCCoEを目指すなら、顧客のニーズや業務課題に触れているユーザー部門と、技術的知見を持ったIT部門のコラボレーションが不可欠だろう。また、CCoEをIT部門やユーザー部門と別組織で設け

た場合には、CCoEのメンバーとして、これらの部門のメンバーを加えておくことも必要だ。

ガイドラインではなくガバナンス

　取材した5社に共通しているのは、手法は異なるものの、ガバナンスに力を入れていることだ。

　クラウドは、容易にインスタンスを立ち上げられる一方で、事前の検証やセキュリティ対策がないがしろにされがちだ。設定ミスなどによる情報漏えいも後を絶たない。単にルールやガイドラインを策定しても、ユーザーがそのとおり使ってくれるとは限らない。むしろ人間が作業している以上、ミスをしてしまうことを前提とするべきだ。また、利用可能な機能を制限するなどしてリスクを元から断ち切ろうとするケースも見られるが、あれはダメ、これもダメでは俊敏性や柔軟性といったクラウドのメリットを生かせない。

　DNPでは、ガイドラインに定めたセキュリティや運用管理、一部業務機能を共通サービスとして社内のクラウドユーザーに提供している。この共通サービスを使えば、あるべき安全性が担保できるというものだ。

　NTTドコモでは、留意すべき設計指針、SLA、セキュリティ等を網羅したノウハウをツール化している。ツールによって締めるところは自動的に締め、運用が足かせになることを回避しているのだ。特筆すべきは、セキュリティリスクを早期発見する自動アセスメントツールScanMonsterや、クラウドのコストや利用状況を可視化し、最適化に寄与するツールCostVisualizerといった一部のものは外販もしていることである。

　KDDIでは、ユーザーの自由度を高くする代わりに、すべての監査証跡ログを残し、何かあれば迅速に対処するという発見的統制を

強化している。このやり方は、「行動はすべて記録しています。何かしたらすぐにバレますよ」という心理的抑制にもなるそうだ。

セキュリティは「攻め」の手段

みずほFGのCCoEで、システムリスク管理室に所属する渡邊にとって、セキュリティは、高い堅牢性が求められる金融機関でクラウドを浸透させるための「攻め」の手段だ。本当にダメなものならダメだとはっきり伝えるが、ユーザー部門がやりたいことを安全に実現するにはどうすればいいか、常に思考を巡らせている。

「私はリスクを見極め、場合によってはブレーキをかける役割ですが、『ルールだからこうしてください』の一言で片付けるような対応はしたくありません。クラウドのメリットとリスクを天秤にかけ、ユーザー部門とともに、ビジネスを推進するためのセキュリティを探っていきたいんです」

元みずほFGのCCoEメンバーの証言によれば、この「渡邊イズム」は、システムリスク管理室の後輩たちにもしっかりと受け継がれているという。ルールを重んじてきた堅い組織がクラウドを使いこなすために、なくてはならない考え方だと思う。

カルチャーを変革する

クラウドを自分たちのものにできる組織もあれば、苦労する組織もある。その違いはどこにあるのだろうか。

真にクラウドを使いこなすために必要なのは「カルチャー変革」だと、各社のインタビューを通して強く感じた。昭和の階級社会、オンプレミス時代の業務プロセスが色濃く残る組織にクラウドを導

入したところで、本質的には何も変わらない。宝の持ち腐れだ。

　DNPが、自前のデータセンターを持ちながらもクラウドに舵を切ったのは、単に利用コストに魅力を感じただけでなく、シリコンバレーを中心した世界を変えうるサービスを生み出すエンジニア組織のカルチャーに共感し、「自分たちもこうなりたい」と願ったからだ。今では外部のSIerに任せていたプロダクト開発をほぼ内製にシフトし、丸投げ体質を改善。さらに全社員に必要なスキルとして「クラウド」「アジャイル」「AI」を掲げている。

　KDDIの大橋は、2度目のCCoEを組織する前、社内エンジニアコミュニティを立ち上げ、エンジニア同士が交流し、知見を共有できる場を醸成した。結局、技術だけでは何も変えられない。大橋は、「CCoEの活動は、カルチャー改革と同義だ」と語っている。

外の世界に目を向ける

　外の世界に目を向けることは、今回取材した5社だけでなく、すべての成功パターンに共通しているかもしれない。

　CCoEも一度作ったら終わりではない。その時々の課題やクラウドの成熟度によって常に変化が求められる。自社だけですべての課題を解決するには限界がある。社外の勉強会やコミュニティなど、組織の垣根を越えた情報交換によってさまざまなアイデアを取り込むことで、CCoEの活動はより洗練されたものになるはずだ。何より互いに尊敬し合い、刺激し合える同志が社外にいることは、間違いなくCCoEの原動力になる。

　KDDIの大橋は、CCoEメンバーの採用面接で、外の世界とつながっているかどうかを見るという。

「外とつながっている人といない人では、根本的に発言内容が違い

ます。外とつながっている人は、自社が外からどう見られているの
か、自社が業界内でどのポジションにいるのか、外のモノサシで理
解している。『このままではうちの会社はやばい、だから変えな
きゃ、底上げしなきゃ』と考えている。でも、社内でコードやドキュ
メントだけ見ているような人は、『クラウドを導入したら、このシ
ステムがこう良くなる』みたいな、ものすごく狭いところを見てい
ることが多い。見ている世界と視点の高さが全く違うんです」

　自分の会社を冷静に見られる人、いわば、ドアに片手をかけた状
態で会社を見ている人は強い、そう大橋は考えている。
　別の観点で、外の人材と手を組む、というアプローチもある。
　みずほFGは、異業種からの出向者も多く、クラウドアーキテクト、
インフラエンジニア、コンサルタント、弁護士資格を持った法務担
当など、さまざまなスキルやバックグラウンドを持った人材が
CCoEとしてワンチームとなった。こうした方法は、自社だけでは
CCoEの組成が難しいと考える企業にとって、一つの選択肢になる
だろう。
　出向のような仕組みがない企業でも、パートナー企業との共創や、
社外のプロフェッショナル、副業人材を活用するという選択肢もあ
る。一人か二人、親身になってくれる伴走者がいるだけで、CCoE
の進み方は大きく変わってくるはずだ。うちの会社には難しいと諦
める前に、社外にも視野を広げてみるといいだろう。

補章 1

CCoEチェックシートと
その使い方

CCoE を立ち上げて運営していく際に役立つよう
「CCoE チェックシート」をお届けする。
チェックシートの項目は CCoE の活動状況等に応じて変化する。
その意味で、自組織に合わせたチェックシートを
作成するための「ひな型」と捉えてほしい。
自組織の現況に合わせてチェックリストを更新していくことが、
ベストプラクティスへの近道となるはずだ。

自組織に合ったベストプラクティスに向けて

　読者の皆さんが実際にCCoEを立ち上げて運営していく際に活用いただけるよう、「CCoEチェックシート」を用意しました。次に示す5つの観点から、CCoEを成功に導くためのチェック項目を示しています。

　a. 戦略／ガバナンス／リスク管理
　　【チェック項目例】　クラウドサービスを活用する業務の内容やデータ特性の方向性を定め、適用するシステム領域が明確になっているか。
　b. 人材マネジメント
　　【チェック項目例】　人的リソースの最適な利用のためのアプローチ（採用、教育、要員計画）が組織に提供されているか。
　c. コストマネジメント
　　【チェック項目例】　コスト検証として、システム開発費用に加え、現行システムからのデータ移行、カスタマイズ費用、認証システムや既存システムとの連携費用等の追加的な費用を網羅的に考慮しているか。

d. アーキテクチャ

【チェック項目例】 クラウドの運用について、必要となる運用オペレーション、オペレーションレビューの実施、サービス変更に合わせた運用手順の作成・見直しなどの設計および手続きを定めているか。また、一連の手続きに対して自動化の導入を検討し、その検討において、自動化の目的（効率化、セキュリティ対策等）が明確になっているか。

e. セキュリティ

【チェック項目例】 クラウドの契約解除と終了もしくは事業者理由によるサービス終了時の対応について、円滑な業務移行の対策、データ消去前のデータの取り出し方法、消去させたことを確認する手段の提供有無について確認しているか。

　5つの観点のチェック項目それぞれにおいて、自組織におけるクラウド活用、およびCCoEのステータス（現況）と照らし合わせて、チェックしていきます。専門の部門がある場合（IT部門、法務部、リスク管理部など）は、そのキーマンと共同作業ができると、相互理解と作業がより進むでしょう。

　その結果、自社に足りている項目、あるいは足りていない項目が浮き彫りになります。足りていない項目を課題と捉え、CCoEが主体となって解決していきます。この行為こそが、クラウド活用およびDX達成への近道となります。

　以下では、チェックシートの各項目の意味と、チェックをYes（☑）にするための具体的なアクションを示します。あらかじめ強調しておきたいのは、すべてを自前で用意する必要はないことです。自組織あるいは自社の外に目を向ければ、クラウド活用を支援してくれ

るさまざまなツールがあります。クラウドにより従量課金制で提供
されているサービスも多く、初期コストを抑制できればスモールス
タートが可能になります。例えば、クラウドのコスト見える化ソ
リューションなどがそうしたサービスに相当するでしょう。

戦略とガバナンスとリスク管理

> • ビジネス戦略と整合性の取れた、クラウド戦略が整備されているか。

▼

経営層やユーザー部門（事業部門）が描いているDX戦略だったり、
新規事業などに必要なテクノロジー要素が、クラウド戦略でカバー
できているかを検証します。

> • ユーザー部門の期待を理解し、意思決定に対するオーナーシップ
>   と責任が明確になっているか

▼

IT部門とユーザー部門とのあいだで、役割のみならず、責任分界
点も明らかにすることで、お互いの協力関係を強固なものにします。

> • 戦略と目的の達成のためのクラウド活用のガバナンスの要件の明
>   確化と、権限と責任を持ったガバナンスの整備、維持ができてい
>   るか。
> • 戦略と目的の達成目標などに基づいて、クラウド活用のマネジメ
>   ントの仕組みが整備、実装されているか。
> • クラウド活用の意思決定について、内外のステークホルダーに対
>   して適切に報告されているか。
> • クラウド活用に係るポリシー・ガイドラインを整備・運用してい

るか。

▼

クラウド利用において、どのような権限を許可、あるいは禁止するかの指針やガイドラインを整備しその主管と責任、そして報告のためのレポートラインを明確にします。

- ビジネス戦略、需要の変化、サービス、プロジェクト、それらの組織における優先順位に応じたビジネスポートフォリオとITポートフォリオが管理されているか。

▼

クラウド化するシステムと、しないシステムについて明確に定義し、その定義そのものもメンテナンスしていく主管とフロー、責任を設定します。

- クラウド活用におけるビジネスリスクを特定し、リスク許容度、リスク選好度が理解され、管理できているか。

▼

クラウドを利用するにあたってのリスク要因を洗い出し、それぞれの影響度合いを測定したうえで、どこまでどの部門が許容するのかを明確にします。

- リスクアセスメントを定期的に実施し、リスクを受容可能なレベルまで低減しているか。

▼

各種機能やソリューションなどを活用し、クラウド化したシステム全体を制御できるように設定するなど、その方法と効果を定期的に報告できるようにします。

人材マネジメント

> - クラウド活用を推進する体制を計画または構築できているか。特に、知識と経験を有するメンバーを参画させているか。

▼

クラウドアーキテクト、全体PMO（プロジェクトマネジメントオフィス）、ネットワーク管理者、ユーザー部門代表、リスク管理スペシャリストなど、必要な人材を揃えます。

> - クラウド活用の目標達成のためのビジネスとITの人的リソースが確保されているか。

▼

IT部門のみならず、ユーザー部門代表をCCoEへ参画させます。

> - 人的リソースの最適な利用のためのアプローチ（採用、教育、要員計画）が組織に提供されているか。
> - 使う技術やサービスに関するナレッジやスキルを保有する人材の育成と教育について検討しているか。

▼

社外を含む各種コミュニティや勉強会、セミナーなどへの参加を促進します。また、技術人材へのクラウド資格取得支援策などのアプローチを、人事部門などのリソース担当部門と連携して用意します。

コストマネジメント

> - クラウド活用の予算・コストの管理が行われているか。

▼

クラウドをすでに利用している部門やシステムを洗い出します。システム構築の初期段階における開発申請などでフィルタをかけ、適切な利用を促すことができるチェック体制をCCoE内などに整えます。

- クラウド活用の結果として、投資対効果を測定するために、定期的に評価し、改善する仕組みがあるか。
- クラウド活用の投資の結果を最適化できているか。

▼

定期的なコストモニタリングを実施し、当初想定とのギャップと改善を図ることができるフローや仕組みを整備します。

- コスト検証として、システム開発費用に加え、現行システムからのデータ移行、カスタマイズ費用、認証システムや既存システムとの連携費用等の追加的な費用を網羅的に考慮しているか。
- システム運用時のコスト検証として、既存システムの運用費用（機器費用、運用者コスト、保守費用等）とクラウドサービス利用料金、課金体系とを比較、考慮しているか。

▼

システム費用といっても、その周辺にかかる費用はさまざまです。既存のシステムに係る総コストを見える化することで、クラウド利用時との適切な比較ができる状態にします。

- 利用想定を踏まえて、将来的なコストに関するシミュレーションを、必要に応じて初期コストも含めて行っているか。

▼

ライセンスコストや、システムの老朽化に対応するための費用など

も見込んで、将来的なクラウド化によるコスト効果を算出します。

アーキテクチャ

- 新しい技術、サービスにより、どのようなビジネスイノベーションを作ることができるかを分析し、それらを活用できているか。

▼

クラウドベンダー各社から発表されるさまざまなサービスアップデートをキャッチアップし、自社の検討材料にしてプロセスを整備します。

- クラウドサービスを活用する業務の内容やデータ特性の方向性を定め、適用するシステム領域が明確になっているか。
- クラウド活用において、導入と運用の最適化やデータ保管方法等の各種制限を考慮したうえでサービスを選択しているか。
- ビジネスとIT双方の観点から全体アーキテクチャを定義し組織に提供されているか。

▼

CCoEにクラウドアーキテクトやリスク管理スペシャリストを配置し、システムオーナーからの相談窓口になることで、アーキテクチャの適切なレビューができる体制を整えます。

- 利用を想定しているクラウドサービスが自社のルールを満たせない可能性があることを考慮し、代替策（別のクラウドまたはオンプレミス）を準備しているか。

▼

プライベートクラウドや、オンプレミス環境の主管部門と連携し、

適切なエスカレーションができる体制を整えます。

> • クラウドサービスの利用停止または別クラウドサービスへの切替
> を実施しなければならない状況を想定し、発動条件を整理してい
> るか。

▼

クラウドベンダーとの契約内容を精査し、適切な情報提供フローを
協業で整備するとともに、社内エスカレーションルールを整備、訓
練を定期的に計画します。

> • クラウドの導入について、可用性設計、リリース方式、構成管理ツー
> ル・リリースツール、システム運用からのフィードバックに基づ
> いた定期的な開発の見直しなどの方針や計画、手続きを定めてい
> るか。
> • クラウドの運用について、必要となる運用オペレーション、オペレー
> ションレビューの実施、サービス変更に合わせた運用手順の作成・
> 見直しなどの設計および手続きを定めているか。また、一連の手
> 続きに対して自動化の導入を検討し、その検討において、自動化
> の目的（効率化、セキュリティ対策等）が明確になっているか。

▼

クラウドを利用しているシステムの情報を、検索性を保った状態で
見える化するとともに、定期的な各種レビューを主管部門と協力し
て行うための良好な関係を構築します。

セキュリティ

> • クラウド活用のBCPおよびDRにおいて、BCPの方針、範囲、ビジ

ネス、システムの影響度、DRの戦略、計画、テストと維持が明確
になっているか。

▼

クラウド活用ガイドラインや、全社クラウド戦略の中で定義します。

- クラウドの稼働率、性能、拡張性、完全性、機密性などの要件が
明確になっているか。

▼

利用予定のクラウドサービスそれぞれについて確認するとともに、
未充足のものは代替ソリューションを定義し、ガイドライン等に記
載します。

- クラウドのデータが意図しない目的、または環境（国外データセ
ンター等）で利用されないことを確認しているか。
- クラウドの選定時に、セキュリティに関する公的認証の取得状況
および第三者による評価（外部監査を含む）の実施状況について確
認しているか。
- クラウドの選定時に、事業者のサービス提供に関するガイドライ
ンと、SLA、リスク管理状況などについて確認しているか。
- クラウドの契約において、委託業務の遂行状況を把握する手段に
ついて確認しているか。
- クラウドの契約解除と終了もしくは事業者理由によるサービス終
了時の対応について、円滑な業務移行の対策、データ消去前のデー
タの取り出し方法、消去させたことを確認する手段の提供有無に
ついて確認しているか。
- クラウド活用において、マルウェア対策、脆弱性対策、暗号化対策、
ネットワーク対策、アクセス制御、ログ管理、バックアップ管理、

▼

クラウドベンダーから提供される利用規約や契約の内容および、クラウドベンダーの外部パートナーが提供する業界ごとのリファレンスガイドなどを参照して確認します。また、利用予定のクラウドベンダーに自社の各種チェックリストなどへ該当事項を記載してもらい、確認していきます（例：金融機関向けのFISC安全対策基準など）。

　このチェックシートは、「おわりに」で記したJagu'e'r CCoE研究分科会において、コアメンバーで議論を重ねつつ作成したものです。今後も内容をアップデートしていきます。最新版は同研究分科会の専用ウェブサイト（https://jaguer.jp/ccoe/）にアップしていく予定です。

　最後に留意いただきたいのは、**チェックシートの項目はCCoEの活動状況等に応じて変化する**ことです。スモールスタートで取り組み始めた段階では、これらの項目すべてをクリアできていないでしょうし、クラウド活用が進む過程では、社員のマインドや組織文化の変化に応じて異なる項目を追加する必要もあるでしょう（その意味で、チェックリストには空欄を設けてあります）。**自組織の現況に合わせてチェックリストを更新していくことが、ベストプラクティスへの近道となる**はずです。

CCoEチェックシート

（自組織に合わせて追加できるよう、空欄を設けてあります）

戦略とガバナンスとリスク管理	Yes	No
ビジネス戦略と整合性のとれた、クラウド戦略が整備されているか。		
ユーザー部門の期待を理解し、意思決定に対するオーナーシップと責任が明確になっているか。		
戦略と目的の達成のための、クラウド活用のガバナンスの要件の明確化と、権限と責任を持ったガバナンスの整備、維持ができているか。		
戦略と目的の達成目標などに基づいて、クラウド活用のマネジメントの仕組みが整備、実装されているか		
クラウド活用の意思決定について、内外のステークホルダーに対して適切に報告されているか。		
ビジネス戦略、需要の変化、サービス、プロジェクト、それらの組織における優先順位に応じたビジネスポートフォリオとITポートフォリオが管理されているか。		
クラウド活用に係るポリシー・ガイドラインを整備・運用しているか。		
クラウド活用におけるビジネスリスクを特定し、リスク許容度、リスク選好度が理解され、管理できているか。		
リスクアセスメントを定期的に実施し、リスクを受容可能なレベルまで低減しているか。		

人材マネジメント	Yes	No
クラウド活用を推進する体制を計画または構築できているか。特に、知識と経験を有するメンバーを参画させているか。		
クラウド活用の目標達成のためのビジネスとITの人的リソースが確保されているか。		
人的リソースの最適な利用のためのアプローチ（採用、教育、要員計画）が組織に提供されているか。		
使う技術やサービスに関するナレッジやスキルを保有する人材の育成と教育について検討しているか。		

コストマネジメント	Yes	No
クラウド活用の予算・コストの管理が行われているか。		
クラウド活用の結果として、投資対効果を測定するために、定期的に評価し、改善する仕組みがあるか。		
クラウド活用の投資の結果を最適化できているか。		
コスト検証として、システム開発費用に加え、現行システムからのデータ移行、カスタマイズ費用、認証システムや既存システムとの連携費用等の追加的な費用を網羅的に考慮しているか。		
システム運用時のコスト検証として、既存システムの運用費用（機器費用、運用者コスト、保守費用等）とクラウドサービス利用料金、課金体系とを比較、考慮しているか。		
利用想定を踏まえて、将来的なコストに関するシミュレーションを、必要に応じて初期コストも含めて行っているか。		

アーキテクチャ	Yes	No
新しい技術、サービスにより、どのようなビジネスイノベーションを作ることができるかを分析し、それらを活用できているか。		
クラウドサービスを活用する業務のやデータ特性の方向性を定め、適用するシステム領域が明確になっているか。		
クラウド活用において、導入と運用の最適化やデータ保管方法等の各種制限を考慮したうえでサービスを選択しているか。		
ビジネスとIT両方の観点から全体アーキテクチャを定義し、組織に提供されているか。		
利用を想定しているクラウドサービスが自社のルールを満たせない可能性があることを考慮し、代替策（別のクラウドまたはオンプレミス）を準備しているか。		
クラウドサービスの利用停止または別クラウドサービスへの切替を実施しなければならない状況を想定し、発動条件を整理しているか。		
クラウドの導入について、可用性設計、リリース方式、構成管理ツール・リリースツール、システム運用からのフィードバックに基づいた定期的な開発の見直しなどの方針や計画、手続きを定めているか。		
クラウドの運用について、必要となる運用オペレーション、オペレーションレビューの実施、サービス変更に合わせた運用手順の作成・見直しなどの設計および手続きを定めているか。また、一連の手続きに対して自動化の導入を検討し、その検討において、自動化の目的（効率化、セキュリティ対策等）が明確になっているか。		

セキュリティ	Yes	No
クラウド活用のBCPおよびDRPにおいて、BCPの方針、範囲、ビジネス、システムの影響度、DRPの戦略、計画、テストと維持が明確になっているか。		
クラウドの稼働率、性能、拡張性、完全性、機密性などの要件が明確になっているか。		
クラウドのデータが意図しない目的、または環境（国外データセンター等）で利用されないことを確認しているか。		
クラウドの選定時に、セキュリティに関する公的認証の取得状況および第三者による評価（外部監査を含む）の実施状況について確認しているか。		
クラウドの選定時に、事業者のサービス提供に関するガイドラインと、SLA、リスク管理状況などについて確認しているか。		
クラウドの契約において、委託業務の遂行状況を把握する手段について確認しているか。		
クラウドの契約解除と終了もしくは事業者理由によるサービス終了時の対応について、円滑な業務移行の対策、データ消去前のデータの取り出し方法、消去させたことを確認する手段の提供有無について確認しているか。		
クラウド活用において、マルウェア対策、脆弱性対策、暗号化対策、ネットワーク対策、アクセス制御、ログ管理、バックアップ管理、ライセンス管理、構成管理などの要件を明確にし、手順等の整備や設計・設定を実施しているか。		

補 章 2

【パネルディスカッション】
CCoE成功の秘訣

日経クロステック EXPO にて開催された
パネルディスカッションの模様をお届けする。
CCoE に取り組んでみると、数々の課題に突き当たる。
本ディスカッションでは、それぞれの活動内容や
課題の克服方法などを赤裸々に語っていただいた。

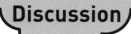

CCoE活動の実態を
当事者が語る

■登壇者（写真右から）

大日本印刷 情報イノベーション事業部ICTセンター　　和田 剛 氏

JALインフォテック システム基盤サービス事業本部　　秋葉 一巳 氏

ビジョナル グループIT室 クラウドインフラグループ　　栗田 啓介 氏

〈モデレーター〉酒井 真弓 氏

酒井 真弓 氏　　栗田 啓介 氏　　秋葉 一巳 氏　　和田 剛 氏

——社内の業務改革や顧客への価値創出において、クラウドはDX
に欠かせない要素になっています。組織にクラウドを根づかせるた
めのチームが「CCoE（クラウドセンターオブエクセレンス）」の位置
づけだと思いますが、まずはそもそも「CCoEとは何か？」について
聞かせてください。

JALインフォテック 秋葉氏（以下、秋葉氏）： 私の肩書きにも
CCoEが付いているのですが、社内に「CCoEというグループがある」
と公表されると、クラウドを推進するのはその部署だなというのが
すぐにわかります。そのため、名前は大事だと思います。

大日本印刷 和田氏（以下、和田氏）： 皆さんの会社の中にもクラ
ウド推進部や次世代インフラ推進部などの組織があると思います
が、それが実態としてCCoEに相当するのかなと思います。DNP（大
日本印刷）の場合も、CCoEという組織名で設立して活動していま
す。そうすることで社内の人たちが、「あの人たちにクラウドを任
せられる」という安心感を得られると思います。CCoEという名前
の組織を作ることは、とても大事です。

──CCoEと似た活動は、以前ならIT部門が手掛けていたと思いま
す。そうした活動との明確な違いはあるのでしょうか。

秋葉氏： 分業の進んだオンプレミスの技術によるシステム化が10
年ぐらい続いている中で、いざクラウドを始めるとなると、いろい
ろなルールを乗り越えたり部署をまたがったりしないと、うまくい
かないという肌感覚があります。その辺りをCCoEという名前で部
署を越えてまたがり、単独の部署ではなかなか解決できないことに
取り組んでいく。そこがこれまでの部署ごとの取り組みとは違うの
かなと感じています。

和田氏： 従来の技術部門は、ある程度組織の中に知識が蓄積する
ことで地位を築いていく、という姿勢があったと思います。クラウ
ドは全員のものなので、みなでどうやって情報を共有し、会社を変

えていけるのか、そういう発想に変わると考えています。従来の技術専門組織とはちょっと違う動きを、各社もされているのではないでしょうか。

ビジョナル 粟田氏（以下、粟田氏）： 弊社の場合は、すべての部署が同じようにクラウドを使えることを目指して専門的な部分を集約し、各部署が自律的に動けるように進めています。

"自走"のためにガイドラインやセキュリティは重要

――CCoEの活動の中では、ガイドラインやセキュリティなどの知識があまりなくても、それらをきちんと遵守してクラウドを使えるようにする「仕組み化」にも力を入れていると聞いています。具体的には、どのようにされているのでしょうか。

和田氏： ガイドラインやセキュリティについては、CCoEとして最初に手を付けるべきことなのは間違いないと思います。ただし、ユーザーの皆さんが本来やりたいことは、「クラウドを使って新しいサービスやプロダクトをどんどん作り、世の中に届けること」だと思うんですね。何かの価値を作るうえで本来は関係ないセキュリティのような部分をガイドラインやサービスのかたちで提供し、本来やるべきことに注力できる環境を用意するのがCCoEの役割だと思っています。そうすることで、開発を含むクラウドのユーザーが、自然と付加価値づくりに自走できる状態になると思います。

秋葉氏： 弊社のようにガバナンスが効いていた状況であればあるほど、セキュリティのルールも最適化されて長年の資産になってい

ます。それをクラウドに適用しようとしてもうまくはまらないので、セキュリティを守りながらできるクラウドの使い方を考えて組織の中で適応しなければなりません。この実現に向けて、社内の有識者が入って考える体制として、CCoEはすごくいい仕組みだと思っています。

粟田氏： クラウドは結構簡単に情報を外に出せますし、硬くも柔らかくもできます。手軽だからこそ、主力の事業から最近始めた新規事業まで、全く同じレベルで最低限ここまでガードしようと決めて、仕組みによって、いかにその道を外さないようにするかを考えています。そういったところがCCoEの取り組みとして重要なことだと思っています。

全社活動とするために取り組み方を工夫

——CCoEへの取り組みは、会社の規模や業種・業態など、各社で異なると思います。皆さんはどういうアプローチを取り、何から着手したのでしょうか。

秋葉氏： 弊社では、経営層の理解があって「どんどんやれ」という感じだったので、スピード感を持って取り組み方を考えました。クラウド活用に向けてのハードルはガイドラインやセキュリティの部分だったので、最初に着手し、ドキュメントを作成していきました。

和田氏： 最初に、箱根の温泉に集まってゴールイメージ（ゴール目標）を共有するための合宿をしま

和田 剛 氏

酒井 真弓 氏

した。共有することがとても重要で、それに向けてステップを踏んでいくことがチームとしての活動になると思います。

——全社を巻き込むためにどのような施策を打ったのですか？

和田氏： DNPの場合、CCoEはヒエラルキーのトップではなく、社内コミュニティの中心になっています。クラウドはみんなの持ち物で、みなでクラウドを使っていくことが会社の成長力につながるためです。そこで、情報共有や情報伝達、勉強会など、みなが会話できる場作りに最も力を入れました。新しい店舗を作るなどのテーマを設けたハッカソンを実施するなど、自然にクラウドを学べる環境や仕掛け作りを強く意識して活動しています。

秋葉氏： 弊社はまだ「遊びながら」まではいけていませんが、そういう話は出始めていますし、クラウドを学ぶためのカリキュラム作りも並行して取り組んでいます。最近はテレワークで会社にいる人が少なく、どこにいるのかもわかりづらいので、クラウドで解決できる仕組みを作れないか、といった取り組みを社内でアイデアを募集してやっているメンバーもいますね。

粟田氏： コミュニティ活動は自然発生的に出てきてほしいので、クラウドプラットフォームのハンズオンや勉強会などを定期的に実施して社員を呼ぶ、といった活動に取り組んでいます。そこから先にはまだ踏み込めてはいないですが、今後は「遊びながら」できる取り組みも進めようと考えています。

経営視点でのコミュニケーション力も大事

――経営層のITに対する理解が乏しい、ということは本当によくあ
ります。そう悩んでいるCCoEの方や、そうした環境下でこれから
始めようという方には、どういうアドバイスをされますか。

和田氏：　経営層の理解がなくても、自分たちがやっていることが
本当に正しいのか、会社の方向性と合っているかなど、必ず経営層
とコミュニケーションをとらなくてはいけません。そのとき、「経
営層の視点」でコミュニケーションすることが重要です。経営層の
立場で見てみると、単にコストを削減したいのではなく、新たなサー
ビスを立ち上げたり企業風土を変えたりしたい。それらをクラウド
で実現できるとなれば、クラウドをはじめとするITへの見方が変
わってくるでしょう。小さなところからでもよいので、そうした成
果を積み重ねて理解を得ることで、さらなる後押しが得られる状況
になると思います。

粟田氏：　経営層にレポートするときには、セキュリティがきちん
としているか、コストが適切に使われているか、アジリティが高い
状態を保てているのかなど、具体的あるいは定量的に観測できてい
ることを伝える必要があります。具体的・定量的に経営層とコミュ
ニケーションしていくことにより、一歩ずつ先に進めると思います。

秋葉氏：　クラウドを使ってパーツを組み合わせてシステムを作れ
ることはDXのベースであり、必要条件だと思っています。しかし、
実際にクラウドを使おうと思ったら、例えば決裁プロセスなど、社
内プロセスとは違うことでぶち当たる壁がいっぱいあると思うんで

す。それらの壁を何とかするということを愚直に取り組むところから始めれば、その過程で見えてくるものがあるのではないかと思います。

CCoE活動を続けている中での課題とは

——皆さんがCCoE活動を続けている中で、現在抱えている課題を教えてください。

秋葉氏：　CCoEでは、現行業務に基づいて知識をアップデートする必要があるため、中心には専属メンバーがいるものの、兼務のメンバーをたくさん入れるかたちで組織化しています。そうした兼務メンバーが、現業とCCoE活動の両方で忙しくなってしまう。そのバランス取りが難しいところですね。

和田氏：　極論から言うと、社員全員が自ら新しいクラウド技術を学んだり、そこで得られた知見を共有したりできれば、CCoEという組織はいらないと思っています。そういった成熟した組織にするために日々啓蒙しています。7 ～ 8割ぐらいまでは啓蒙できるものの、それでもクラウドに対して拒絶反応を持つ方はいるので、地道な啓蒙活動に苦労しているところです。

粟田氏：　弊社の場合、プロダクトの非機能要件を改善するために2018年に誕生した組織がCCoEになっていった経緯があります。CCoEという言葉を使い始めたのは2021年2月ぐらいからで、まだ広く認知されているとは言いがたい状態です。だからこそ、

粟田 啓介 氏

目に見えるKPI（重要業績評価指標）設定を作るのが難しいですね。和田さんや秋葉さんは、KPI設定などはされているのでしょうか。

和田氏： KPIは財務、内部プロセス、教育・学習の視点、顧客の視点など、さまざまなレイヤーで定めるようにしています。例えば、どれだけ"野良クラウド"が減ったとか、クラウドのカバレッジ率、セキュリティのインシデントといった、細かいKPIもあります。また、有資格者がどれだけ増えたなど、人材的な指標もあります。さまざまな指標を設けていて、話す相手に応じて見せ方を変えています。

秋葉氏： 素晴らしいですね。弊社では現状、CCoEの取り組みに関してKPIを設定することまではできていません。しかしながら、取り組みの中では必ずテーマとそこに対する目標を設け、マネジメントにもその内容を共有しています。

粟田氏： 一定のKPIは立てづらいですよね。特にクラウドは基盤の基盤なので、インシデントがないことは当然いいことなのですが、それは僕らの活動によってないのか、なんとなくないのか、もしかしたら気づけてないのか、というのも、判断が難しいと感じています。

和田氏： そうですね。マイナスをゼロにするみたいなことは非常に苦しいので、積み上げていくようなKPIを無理にでも立てて、それを目標にするのがいいのかなと思います。

CCoEのゴールとは

——最後にお三方のCCoEのゴールやビジョンについて教えてくだ

さい。

秋葉氏： 半年かけて議論し、「クラウドシフトで想像を超える未来に導く」というキーワードを作りました。CCoEがクラウドでシステムを作る役割としてしまうと、みんながクラウドを活用できるようにはならないので、みんながクラウドを使えるようにする、導くというメッセージにしていこうという話をして、このキーワードを作りました。

秋葉 一巳 氏

和田氏： 大日本印刷には、その時々の新しいテクノロジーや文明を世の中の人たちに届ける「文明の業を営む」という言葉があります。それがたまたま印刷ビジネスだったのですが、今デジタルトランスフォーメーションというかたちでいろいろと変わってきています。新しい技術や文化、文明を皆さんに届けるために、クラウドは当然必要になってくるので、世界中にサービスを届けることができるクラウドの世界を作っていこうというビジョンを共有しています。

粟田氏： 「サービスのクラウドネイティブ化」と言われることがあると思うのですが、私たちのチームでは企業としてクラウドネイティブを実現するというビジョンを立てました。それでアジリティを高く保つこと、クラウドに対するコストの適正化、セキュリティの正しい活用などを目指しながらクラウドネイティブ化を実現するというビジョンを1年間かけて設定しました。今やっと軌道に乗り始めたところで、これから転ばないように頑張っていかなければいけないなと思っています。

おわりに
── 目標への第一歩を踏み出すために

　著者（黒須）が本書を世に出したいと考え始めたのは、2020年9月末ごろ（およそ1年前）でした。

　私自身、これまでユーザー企業でクラウド活用に携わってきた過程で、数々の事例を発表してきました。そうした中、「CCoEに取り組み始めたけれど、なかなかうまくいかない」「うちではこうしたら、CCoEによる成果が出始めた」といった複数の外部企業からのお悩み相談や情報共有を受けさせていただく機会がありました。そうしたCCoEにまつわるノウハウや知見をまとめることができたら、あとに続く方々の参考になるのでは、と考えたのが発端です。

　ちょうど、Google Cloudのエンタープライズ企業ユーザーを集めたコミュニティ「Jagu'e'r」の設立を企画している段階で、Jagu'e'rのアンバサダーを務める酒井さん（第2部著者の酒井真弓さん）に本書の企画を意気揚々と持ち込んだのを今でも覚えています。

　本書発行の大きな後押しとなったのは、Jagu'e'rのCCoE研究分科会（CCoE研）でした。Jagu'e'r は、Japan Google Cloud User Group for Enterpriseの略で、その中の分科会の一つとしてCCoE研を立ち上げました。幾度もの会合を通じて、さまざまな業種・業態のユーザー企業やクラウドインテグレーターを含むSIerなど、複数企業のメンバーが参画しています。このCCoE研のメンバーが、DXやCCoEの有識者あるいは実践者として日々議論を重ね、日本における企業のDX成功に向けた礎となるクラウド活用について考察した過程で、多くのノウハウ、知見、事例が共有できてきました。その

エッセンスを余すことなく、まとめてできたのが本書です。

　本書で述べてきたように、オープンなかたちで情報を共有し、そ
れを個々の組織に即したものに適用させていくのがベストプラク
ティスへの近道だと考えます。その意味で、さまざまなコミュニティ
やイベントなどでの交流を通して、多くの有識者や実践者とノウハ
ウ、知見を共有していくことが、CCoEベストプラクティスへの第
一歩と考えます。本書がその第一歩を踏み出すよい機会になれば、
著者としてこれ以上の喜びはありません。

　　Jagu'e'rは、2020年の11月に結成された、日本で初めて
のGoogle Cloudに関するユーザー会です。日本のエンター
プライズクラウド市場において、Google Cloudを活用し
ているユーザー企業とパートナー企業が一同に介し、活用
事例の共有や相互交流を目的としています。すでに150社
以上、600名近いメンバー（2021年9月現在）が参画して
いて、急速に成長しているユーザー会の一つと言えます。
　　Jagu'e'rの活動の中心は目的に応じた分科会制度です。
例えば、小売業界のメンバーを中心とし、業界に特化した
クラウド活用事例を共有し合う「小売分科会」、資格取得
者の育成や組織としての人材育成をテーマにお互いの学び
を共有したり、学習の場を企画する「デジタルクラウド人
材育成分科会」、コンテナ活用をテーマに参加企業で事例
を共有し合う「クラウドネイティブ分科会」、データの活
用をテーマに参加企業で事例を共有するとともにデジタル
ツールのノウハウなども共有する「データ活用分科会」な
どがあります。すでに分科会の数は10を超えており、そ
れぞれがテーマごとに活発な議論を行っています。その一

つがCCoE研究分科会というわけです。

　読者の方々も、情報共有・入手先の一つとして、Jagu'e'r
およびCCoE研を活用いただければ幸いです。

謝辞

　CCoE研のメンバーをはじめ、多くにノウハウや知見を共有して
いただいた方々に感謝いたします。特に第2部では、貴重な事例を
共有いただくために、以下の方々に長時間のインタビューをさせて
いただきました。あらためて感謝いたします。

和田 剛、住谷 哲夫、秋永 和計、大橋 衛、田中 圭、渡邊 裕子、粟
田 啓介、長原 佑紀（敬称略、登場順）

著者

黒須 義一（くろす よしかず）

担当：はじめに、本書の構成と読み方・使い方、第4章、補章1、おわりに

グーグル・クラウド・ジャパン合同会社 パートナー事業本部 パートナーサクセスマネージャー

ブラザー工業にてグリッドコンピューティングをベースとしたコンテンツ配信プラットフォームを事業化。以後、NTTPCコミュニケーションズでの事業企画を経て富士ゼロックス（当時）やみずほフィナンシャルグループにてCCoEを立ち上げ、マルチクラウド導入を推進。

2020年6月より現職。Google Cloudのパートナー事業拡大に携わる傍ら、日本初となるGoogle Cloudの公式エンタープライズユーザー会「Jagu'e'r」を設立。同ユーザー会の発起人兼オーナー、CCoE研究分科会長。

遠山 陽介（とおやま ようすけ）

担当：第1章

株式会社野村総合研究所 クラウドインテグレーション推進部長

金融機関のシステム基盤設計・構築に従事した後、各種企業のシステム化構想・計画策定のコンサルティング業務に従事。

現在は、クラウド活用・データ活用に関する各種コンサルテーション、データアーキテクチャ設計を担当。

著書『Google Cloud Platform エンタープライズ設計ガイド』（共著、日経BP）

伊藤 利樹（いとう としき）

担当：第2章

株式会社NTTデータ 課長

金融機関のシステムインテグレーションをいくつか経験した後、メガバンクに出向しCCoEに参画。クラウド利用を推進する。

その後、自社に戻り、クラウドをセキュアに利用するためのソリューション「A-gate®」を立上げ、現在に至る。

A-gate®を運営する傍ら、コンサルタントとしてさまざまな企業のクラウド利用推進を支援している。

饒村 吉晴（じょうむら よしはる）

担当：第3章

PwCあらた有限責任監査法人 シニアマネージャー
システム開発、コンサルティングファーム、起業、大手グローバルITベンダーを経て、PwCあらた有限責任監査法人に在籍（2021年10月末時点）。
金融／公共／サービス業を中心に、コンサルティングやプロジェクト管理の実績多数。事業戦略からビジネス開発の上流分野も得意領域。近年はデジタルトランスフォーメーションやクラウドの領域におけるガバナンスとサイバーセキュリティの業務に従事し、講演、寄稿、執筆の活動も多数。

酒井 真弓（さかい まゆみ）

担当：第2部

ノンフィクションライター
IT系ニュースサイトを運営するアイティメディアで情報システム部を経て、エンタープライズIT領域において年間60本ほどのイベントを企画。2018年、フリーに転向。現在は記者、広報、イベント企画、マネージャーとして、行政から民間まで幅広く記事執筆、企画運営に奔走している。日本初となるGoogle Cloudの公式エンタープライズユーザー会「Jagu'e'r」のアンバサダー。
著書『ルポ 日本のDX最前線』（集英社インターナショナル新書）

協力

- Japan Google Cloud User Group for Enterprise (Jagu'e'r)
  CCoE研究分科会（CCoE研）
  Jagu'e'rのサイト：https://jaguer.jp/
  CCoE研のサイト：https://jaguer.jp/ccoe/
- 和田 剛（大日本印刷株式会社）
- 住谷 哲夫、秋永 和計（株式会社NTTドコモ）
- 大橋 衛（KDDI株式会社）
- 田中 圭（富士フイルムビジネスイノベーション株式会社）
- 渡邊 裕子（株式会社みずほフィナンシャルグループ）
- 栗田 啓介、長原 祐紀（ビジョナル株式会社）
- 秋葉 一巳（JALインフォテック）

DXを成功に導くクラウド活用推進ガイド
CCoEベストプラクティス

2021年11月15日　第1版第1刷

著　　　者	黒須 義一、酒井 真弓、遠山 陽介、伊藤 利樹、饒村 吉晴	
発 行 者	村上 広樹	
発　　　行	日経BP	
発　　　売	日経BPマーケティング	
	〒105-8308	
	東京都港区虎ノ門4-3-12	
装　　　幀	小口 翔平＋三沢 稜（tobufune）	
制　　　作	山原 麻子（マップス）	
編　　　集	田島 篤	
印刷・製本	図書印刷